임신중단에 대한 권리

KB097512

임신중단에 대한 권리

비합리는 헌법재판소에서 시작된다

박이대승 지음

오월의봄

들어가며

임신중단은 우리 모두의 문제다. 이 말은 남성도 여성의 권리에 관심을 기울여야 한다는 상투적 의미가 아니다. 이 문제는 우리가 살고 있는 법률 체계의 토대와 한계에 관해 질문을 던지고, 국가 체제의 작동 방식을 근본적으로 성찰하도록 한다. 임신중단의 문제는 단지 임신중단에 대한 것이 아니다. 그러므로 민주주의 정치공동체의 구성원이라면, 반드시 한번쯤은 임신중단을 둘러싼 논쟁에 관심을 기울일 필요가 있다.

2019년 헌법재판소가 낙태죄 위헌 결정을 내리기 전까지, 한국 형법은 임신중단을 범죄로 규정해왔다. 낙태죄 폐지를 위한 여성들의 오랜 싸움은 민주화 이후 30년이 넘어서야 비로소 결실을 맺었다. 하지만 헌법재판소의 결정이 곧바로 시민들의 일반적 합의로 이어지는 것은 아니다. 무엇보다 국회는 헌법재판소의 요구에 따라 기존의 낙태죄 조항을 대체할 새로운 법을 만들어야 하는데, 그 입법 과정은 임신중단에 관한 치열한 정치적 논쟁을 요구한다. 지금 가장 중요한 문제는 그런 논쟁의 장이 합리적 규칙에 따라 운영되도록 하는 것이다. 즉 개념적·논리적 일관성과 내용의 체계성을 갖춘 주장만 토론에 참여해야 하며, 그렇지 않은 것은 정치적 공간에서 배제되어야 한다. 이런 규칙을 준수하려는 사람이라면 자기 주장의 내용이 무엇이든 간에 다음과 같은 질문들을 피해 갈 수 없다. 인간의 자율성이란 무엇인가? 국가는 왜 여성의 자기결정권을 보호해야 하는가? 권리란 무엇인가? 법은 무엇을 인간으로 규정하는가? 권리의 주체가 될 수 있는 것은 무엇인가?

임신중단이 모두의 문제인 이유가 바로 여기에 있다. 이런 질문들은 비단 임신중단에 관한 논의뿐 아니라, 정치공동체와 사회적 삶의 토대를 이루기 때문이다. 여기에 답하지 않고서 법체계를 운영하거나 공동의 윤리적 규범을 수립하는 건 불가능하다. 권리가 무엇인지 알지 못한다면 나와 타인의 권리를 말할 수 없고, 법적 인간을 명확히 정의할 수 없다면 법이 무엇을 대상으로, 누구에 의해 만들어지는지 알 수 없다. 지금 한국 사회가 윤리적 혼란에 빠진 것은 이러한 근본적인 질문들에 대한 공동체의 답이 여전히 부재하기 때문이다. 그래서 자신의 현실적 능력으로 할 수 있는 것과 자신의 권리로 할 수 있는 것을 혼동하고, 외부의 힘이 강요하는 것과 의무로서 해야 하는 것을 구별하지 못한다. 또한 민주주의란 인민이 정한 법을 인민이 따르는 체제이지만, 시민의 일상에서 법은 오로지 "허용"과 "금지"로만 표현된다. 지난 몇 년간 우리를 충격에 빠뜨린 사회적·정치적 사건은 대부분 이런 혼란 속에서 발생했다. 요컨대 임신중단의 문제를 다루는 것은 공동체의 생존을 위한 공통 규범을 수립하는 작업이기도 하다.

그러나 지금 상황은 별로 낙관적이지 않다. 헌법재판소는 낙태죄 위헌을 결정했지만, 임신중단이 제기하는 근본적인 질문에 전혀 엉뚱한 답을 내놓았다. 무엇보다 재판관 다수가 "태아의 생명권"이라는 문제적 개념을 포기하지 않았고, 이로 인해 결정문은 논리적 모순과 개념적 오류에서 벗어나지 못한다. 낙태죄 위헌 결정이 오히려 임신중단에 관한 합리적 토론을 방해하는 역설적 상황이 발생한 것이다. 그사이 임신중단은 잊힌 주제가 되었고, 2020년 말까지 대체 입법을 완료해야 할 국회는 관련 논의를 시작하지도 못했다. 문제는 사법부와 입법부에만 있지 않다. 많은 시민이 낙태죄 위헌 결정에 열광적 환호와 지지를 보냈지만, 1년이 지난 지금 임신중단에 대해 논쟁하는 시민을 찾기는 어렵다.

이 책의 목표 중 하나는 임신중단에 대한 권리가 어떻게 정당화될 수 있는지 보여주는 것이다. 이는 단순히 임신중단에 대한 한쪽의 견해를 지지하고, 반대쪽을 반박하려는 게 아니다. 한국의 사회 갈등이 자주 그렇듯, 임신중단에 관한 논쟁에서도 **비합리적 찬성 입장**과 **비합리적 반대 입장**이 서로 충돌하고 있다. 그 중심에 있는 것이 바로 태아의 생명권 개념이다. 한쪽에서는 태아의 생명권과 임신중단에 대한 권리를 동시에 인정하는 논리적 모순을 범하고 있고, 다른 한쪽에서는 태아의 생명권을 정치언어로만 활용할 뿐, 태아의 법적 지위와 생명권 개념에 대해서는 묻지도 않는다. 또한 임신중단에 대한 권리를 지지하는 사람 중 일부는 태아 생명의 문제를 아예 회피하려는 경향을 보인다. 논리적 완결성과 내적 일관성을 갖춘 주장은 극히 드물고, 결국 합리적 논쟁의 장을 구성하기는 매우 어려운 상황이다. 지금 시급한 것은 어떤 특정 입장을 선택하기에 앞서, **합리적 찬성 입장**과 **합리적 반대 입장**을 수립하는 작업이다. 서로 말이 되는 주장을 해야 논쟁이든 무엇이든 가능하지 않겠는가?

누군가는 주장의 합리성이 뭐 그리 중요하냐고 반문할지도 모르겠다. 물론 정치적 논쟁이 오로지 합리성에 의해서만 규정되는 것은 아니다. 아르헨티나 출신의 정치이론가 에르네스토 라클라우가 정교하게 이론화했듯, 정치적 논쟁의 장은 감정과 비합리성에 의해 작동하는 적대적 전선의 공간이다.[1] 하지만 그런 논쟁으로부터 국가의 법과 제도가 탄생할 때, 정치적 비합리성은 제도적 합리성으로 번역되어야 한다. 따라서 임신중단에 대한 권리를 입법화하기 위한 논의가 시작되면, 대립하는 주장들의 논리적·개념적 합리성이 제도화의 결정적 조건이 될 것이다. 예를 들어 낙태죄 위헌 결정 이후 제기된 몇 가지 쟁점을 짚어보자. 헌법불합치의견에 따라 임신중단 허용 기간을 제한해야 하는가? 그렇다면 정확히 언제로 할 것인가? 단순위헌의견이 제안한 삼분기 체계를 따를 것인가 혹은 다른 방식을 도입할 것인가? 그런데 애초에 왜 임신중단 허용 기간을 제한해야 하는가? 사회적·경제적 사유로 임신중단을 원하는 여성은 별도의 사유를 제출해야 하는가? 숙려기간이나 상담을 임신중단의 필수 조건으로 요구할 것인가? 실제 입법과 제도 설계 단계에서는 이보다 더 복잡한 질문들을 고려해야 할 것이다. 일관성 있는 제도를 구축하려면 결국 **태아의 생명**과 **여성의 자기결정권**이라는 개념적 문제로 돌아갈 수밖에 없다. 이 두 가지 개념에 대한 분명한 이해와 입장이 없다면, 지금의 혼란이 앞으로도 계속될 것이다.

낙태죄 폐지는 단지 임신중단의 비범죄화만을 의미하지 않는다. 헌법재판소는 여성이 자기결정권에 기초해 임신 유지와 중단을 선택할 수 있다고 판단했는데, 이는 임신중단을 권리의 문제로 규정한 것이다. 즉 임신중단에 대한 권리는 인간의 기본적 권리이며, 국가는 임신중단을 단지 허가하는 게 아니라 권리로서 보장해야 한다. 하지만 지금 상황에서 임신중단에 대한 권리가 권리로서 다루어지기는 매우 어려워 보인다. 현실적으로 가장 우려스러운 것은 정치적 논쟁의 장에 태아의 생명권이라는 문제적 개념이 다시 개입하는 상황이다. 이렇게 되면 임신중단 제도화 과정은 결국 여성에 대한 일방적 통제와 감시를 강화하는 방향으로 진행될 가능성이 크다. 국가는 개인의 권리를 폭넓게 인정할 수도, 강력히 규제할 수도 있지만, 어떤 경우든 타당한 근거를 제시하고 일관성 있는 제도를 구축해야 한다. 그렇지 않으면 국가 기구는 몇몇 권력집단의 의지와 변화하는 정치적 이해관계에 따라 제멋대로 개인의 권리를 다루게 될 것이다.

이 책은 크게 세 부분으로 구성된다. 1장부터 4장까지는 미국의 로 대 웨이드Roe v. Wade 판결을 표준 논변으로 삼아 2019년 한국 헌법재판소의 낙태죄 위헌 결정을 비판적으로 분석한다. 특히 헌법불합치의견이 전제한 태아의 생명권이 어떤 모순을 만들어내는지에 집중한다. 5장부터 7장은 다소 철학적인 주제를 다룬다. 태아를 생명권의 주체로 인정할 수 있는지 묻기 위해서는 인간과 비인간이 어떻게 다른지, 어떤 존재가 권리의 주체가 될 수 있는지 알아야 하기 때문이다. 8장 이후에는 앞부분의 논의를 바탕으로 개별적인 쟁점을 검토한다. 특히 생명과 생명권의 구별, 자기결정권 개념이 중요하다. 그리고 표준 논변이 마주하게 될 반론들을 검토하면서, 합리적이라 인정할 수 있는 입장들을 가려낼 것이다.

나는 《'개념' 없는 사회를 위한 강의》에서 현재 한국의 상황을 "개념의 부재, 정치언어의 과잉"으로 규정했다.[2] 이 상황에 가장 절실한 것은 합리적 논의의 조건과 규칙을 생산하는 지적 작업이다. 그 작업을 실행하기 위해 첫 번째로 선택한 주제가 바로 임신중단에 대한 권리다. 앞으로 출간될 책들에서 사회국가와 보편적 기본소득에 대한 권리, 동물의 권리, 평등과 공정 등의 주제를 차례로 다룰 예정이다. 주제는 다양하지만, 그에 접근하는 경로는 하나의 철학적 관점에서 나온다. 프랑스의 정치철학자 에티엔 발리바르는 1980년대 후반부터 정치적 근대성에 관한 탐구에 몰두해왔다.[3] 나는 한국의 현 상황을 다룰 개념적 도구와 이론적 관점을 모색하기 위해, 그의 작업이 제기하는 세 가지 문제에 주목한다. ① 근대 민주주의 정치의 첫 번째 원리를 이루는 자유와 평등의 완전한 일치, ② 그 원리를 실질적으로 구현하기 위해 20세기 후반에 탄생한 사회국가 모델, ③ 사회국가 모델이 통치 기술로 활용하는 인류학적 차이들과 이런 차이들에 의해 재생산되는 소수자들.

이 책은 불평등과시민성연구소가 2020년 초에 시

작한 세미나의 결과물이다. 함께 공부하며 책 원고를 세심하게 검토해준 곽경민, 오수진, 유진, 신유경, 정준영, 정혜원 님에게 진심으로 감사의 말을 전한다. 우리의 작업이 조만간 시작될 국회의 입법 과정과 정치적 논의에 조금이라도 도움이 되길 바란다. 임신중단의 문제가 합리성을 갖춘 권리의 언어로 발화될 때에만, 한국사회가 직면한 법적·도덕적 문제를 논의할 새로운 지적 토대가 마련될 수 있을 것이다.

박이대승

2020년 6월

1. 태아는 인간인가? 태아는 생명권의 주체인가?

본격적인 논의를 시작하기 전에 이 책 전체가 탐구할 두 가지 질문을 잠시 살펴보자. 태아는 인간인가? 태아는 생명권의 주체인가?[4] 여기에 답하지 않고 임신중단에 관해 말하는 것은 불가능하다. 놀랍게도 2019년 낙태죄 폐지 논쟁에서는 아무도 이 두 가지 질문을 진지하게 다루지 않았다. 헌법소원심판 청구인은 "태아는 생명권의 주체가 될 수 없다"는 것을 낙태죄 위헌의 근거로 제시했지만(헌법재판소 2019. 4. 11. 선고 2017헌바 127 전원재판부 결정), 이 주장은 별다른 주목을 받지 못했다. 임신중단에 대한 권리를 찬성하든 반대하든 상관없이, 태아는 인간이고 생명권의 주체라는 믿음은 별 의심 없이 널리 인정되는 것처럼 보인다. 하지만 이런 믿음은 일상적 이해나 행위 방식과 맞지 않는다. 태아를 보통의 인간과 같다고 생각하는 사람이 거의 없고, 또 태아를 그렇게 대하는 것도 불가능하기 때문이다. 그래서 흔히 태아를 "잠재적 인간" 혹은 "인간으로 성장할 가능성이 큰 생명" 정도로 생각한다. 하지만 유독 임신중단 논쟁에서는 태아도 인간이라는 믿음이 강력한 영향력을 발휘한다. 태아는 과연 인간인가?

이 질문을 올바로 제기하려면 인간 개념을 정의해야 하고, 이를 위해서는 먼저 어떤 영역과 수준의 인간인지부터 따져야 한다. 우리는 다양한 학문 영역, 예컨대 생물학, 의학, 신학, 인류학, 철학 등에서 인간을 정의할 수 있고, 각 종교가 태아와 인간을 어떻게 이해하는지도 살펴볼 수 있다. 인간의 정의는 시대와 문화에 따라서도 변한다. 인간에 대한 고대인과 현대인의 이해가 다르고, 유럽인과 아시아인의 이해가 다를 것이다. 또한 일상적 의미의 인간과 학술적 의미의 인간도 구별해야 한다. 이런 다양한 인간 개념에 따라 태아가 인간인지에 대한 답도 달라진다.

하지만 여기서 인간 개념의 다양성이 제기하는 복잡한 문제는 잊어버리자. 지금 중요한 것은 현대 민주주의 체제가 **법적 인간**을 어떻게 정의하는가라는 문제이기 때문이다. 임신중단을 둘러싼 혼란 대부분은 법적 인간과 생물학적 인간, 혹은 법적 인간과 종교적 인간을 혼동하는 데서 발생한다. 그럼 주어진 대상을 법적 인간으로 분류할 기준과 조건은 무엇인가? 가장 기초적인 것 하나만 기억하자. 자신의 지성을 독립적으로 사용할 수 있는 자유로운 존재로서, 자유롭다는 바로 그 사실에 의해 자기 행위에 대한 책임을 지는 존재만이 온전한 의미의 법적 인간이 될 수 있다(5장에서 논의하겠지만, 이런 조건을 충족하지 못하는 존재가 바로 소수자다). 법적 인간은 무엇보다 법적 권리의 주체로 정의된다. 이러한 이유로 근대 정치체제와 법체계가 태아를 법적 인간으로 인정하기는 쉽지 않다. 한국의 민법과 형법은 태아를 인간으로 보지 않는다. 미국에서 임신중단에 대한 권리를 처음으로 인정한 로 대 웨이드 판결은 태아가 미국 헌법이 보호하는 인간이 아님을 분명히 했다. 이 판결의 기본 논변에 관해서는 다음 장에서 자세히 살펴볼 것이다.

두 번째 질문을 생각해보자. 태아는 생명권의 주체인가? 여기서 생명권, 즉 생명에 대한 권리right to life와 생명life이 다르다는 점을 반드시 기억하자. 임신중단을 둘러싼 혼란 대부분이 이 두 가지를 혼동하는 데서 발생한다. 태아의 생명은 논쟁적인 주제다. 태아를 독립적 생명체로 볼 수도 있고, 아닐 수도 있다. 혹은 태아의 발전 단계 중 특정 시점을 기준으로 삼아 태아 생명의 가치를 다르게 평가하는 것도 가능하다. 이 모두는 중요한 질문이지만, 가장 중요한 질문은 아니다. 임신중단에 관한 논쟁에서 결정적인 것은 태아의 생명이 아니라, 생명권이라는 문제다. 동물과 식물은 모두 살아 있지만, 생명권의 주체는 아니다. 물론 누군가는 자신이 수립한 도덕 체계에 따라 특정 동물 종의 생명권을 주장할 수도 있겠지만, 현실의 법이 그런 생명권을 보호하지는 않는다. 그럼 우리는 어째서 생명권의 주체인가? 그건 단지 우리가 살아 있다는 사실 때문이 아니라, 법이 우리를 권리의 주체, 즉 인간으로 인정하기 때문이다. 생명권은 인간의 기본권으로서 보호된다. 요컨대 태아의 생명을 어떻게 이해하든 간에 "태아는 생명권의 주체인가?"라는 질문은 "태아는 법적 인간인가?"라는 질문에 의존한다. 태아가 법적 인간이라면 당연히 권리의 주체일 것이고, 법은 태아의 생명권을 보호해야 한다. 반면, 태아가 법적 인간이 아니라면 법은 태아의 권리와 생명권을 인정하지 않을 것이다.

　누군가는 법적 인간이 아닌 존재라도 생명권의 주체는 될 수 있다고 생각할지도 모르겠다. 실제로 헌법재판소의 헌법불합치의견이 이와 비슷한 논리를 주장한다. 이 의견은 태아가 인간이냐는 질문에는 분명히 답하지 않은 채, 혹은 태아는 인간이 아니라는 입장을 암시하면서, 태아가 생명권의 주체임은 분명히 밝힌다. 하지만 법적 인간이 아닌데, 어떻게 생명권을 가질 수 있는가? 법적 인간이란 곧 권리의 주체이고, 법적 인간이 아닌 존재는 권리의 주체가 아닌데, 어떻게 생명권의 주체가 될 수 있다는 것일까? 거꾸로 말하자면, 태아가 생명권의 주체라는 것은 권리의 주체가 될 수 있다는 말인데, 그 존재를 법적 인간이 아니라고 말할 수 있는가? 태아가 법적 인간은 아니지만 생명권의 주체라고 주장하려면 이러한 질문들에 충분한 답을 내놓아야 한다.

2. 논쟁의 표준: 로 대 웨이드 판결

한국 헌법재판소의 판결을 분석하기에 앞서 임신중단에 관한 표준 논변을 제공하는 사례부터 살펴보자. 임신중단의 문제를 다루려면 반드시 참조해야 할 것이 미국 연방 대법원의 로 대 웨이드 판결이다. 미국의 법철학자 로널드 드워킨이 《생명의 지배영역》이라는 책에서 지적했듯, 이 판결의 명성에 비해 그 구체적 내용을 분명히 파악하고 있는 사람은 많지 않다.[5] 드워킨의 해석을 참고하면서 이 판결의 핵심 논변을 요약해보자.

이 판결 이전까지 텍사스 주 법률은 임신한 여성의 생명을 구하기 위한 경우를 제외하고, 모든 임신중단을 범죄로 규정하고 있었다. 1970년 당시 임신중단을 원하던 노마 맥코비는 텍사스 주 법률에 대해 위헌소송을 제기한다. 그는 이 소송에서 제인 로라는 가명으로 지칭된다. 텍사스 주는 댈러스 시의 지방 검사 헨리 웨이드를 피소송인 측 변호인으로 임명한다. "로 대 웨이드Roe v. Wade"라는 소송의 명칭은 이 두 이름에서 나왔다. 1973년 미국 연방 대법원은 이 소송의 판결을 내

린다. 7명의 재판관이 원고 측 손을 들어주며 임신중단이 시민의 기본적 권리임을 인정했고, 2명이 반대 의견을 냈다. 판결문을 최종 작성한 것은 재판관 해리 블랙먼으로, 그는 임신중단에 관한 법의 역사를 고대에서 현대까지 검토한 후 본격적인 논변을 시작한다.

① 미국 헌법에 대한 해석으로부터 "사적 영역의 권리"가 헌법적 권리로 인정된다. 사적 영역의 권리는 여성이 임신을 유지하거나 중단할 권리를 포함한다. 따라서 텍사스를 포함한 주 법률이 임신 전 기간에 걸쳐 임신중단을 무조건 금지하는 것은 위헌이다. 그렇지만 임신중단에 대한 권리가 절대적인 것은 아니며, 각 주가 추구하는 이익에 따라 규제될 수 있음도 인정한다. 개인의 기본권 규제를 정당화할 수 있는 이러한 이익을 "주state의 강력한 이익"이라고 부른다.

② 이제 임신중단에 대한 기본적 권리를 규제할 수 있는 강력한 이익이란 것이 존재하느냐는 질문을 던져야 한다. 여기서 일차적 쟁점은 태아가 법적 인간인가 아닌가, 즉 헌법적 "인격"person인가 아닌가로 수렴된다. 미국 수정헌법 14조는 미국에서 태어났거나 귀화한 모든 인격을 미국의 시민으로 규정하고, 이들이 법에 따라 평등하게 보호받아야 함을 규정한다. 만일 태아가 수정헌법 14조에서 말하는 인격이라면, 미국 시민으로서 생명권의 주체가 될 것이고, 임신중단을 범죄

로 보는 텍사스 법은 정당화된다. 그러나 블랙먼의 판결문은 "수정헌법 14조에서 사용된 인격이라는 단어는 태어나지 않은 존재를 포함하지 않는다"고 판단한다. 또한 "법이 태어나지 않은 존재를 완전한 의미의 인격으로 인정한 적은 결코 없다"고 다시 한 번 확인한다.[6] 드워킨에 따르면, 로 대 웨이드 판결에 비판적인 법률가들이 많았지만, 태아는 인격이 아니라는 판단에 이의를 제기한 경우는 거의 없었다.[7]

③ 태아가 헌법적 인격이 아니라고 해서 모든 문제가 해소되는 것은 아니다. 오히려 이때부터 임신중단을 둘러싼 쟁점이 본격적으로 드러난다. 텍사스 주는 태아가 수정헌법 14조에 의해 보호받는 인격이 아니라고 하더라도, 태아의 생명을 보호하는 것은 주 법률이 추구해야 할 정당한 이익이라고 반박한다. 즉 태아의 생명권은 인정하지 않더라도, 인간 생명의 잠재성은 여성의 권리를 규제할 수 있는 "강력한 이익"이라는 주장이다. 블랙먼은 이를 "민감하고 어려운 질문"이라 부르면서, 다음과 같이 최종 결론을 밝힌다. 주 법률은 다음의 두 가지 이익을 위해 임신중단에 대한 권리를 규제할 수 있다. ⓐ 임신한 여성의 건강 보호, ⓑ 태아의 생명 보호. 이로부터 그 유명한 삼분기 체계가 나온다. 첫째, 임신한 여성의 건강 보호가 "강력한 이익이 되는 시점"은 임신 첫 번째 삼분기가 끝나고 두 번째 삼분기가

시작할 때다(대략 임신 3개월). 첫 번째 삼분기에는 임신중단에 대한 권리를 어떤 방식으로도 규제할 수 없는 반면, 두 번째 삼분기에는 산모의 건강 보호라는 이익을 위해 권리를 규제할 수 있다. 둘째, 태아의 생명이 강력한 이익이 되는 시점은 임신 세 번째 삼분기가 시작할 즈음, 약 28주가 지났을 때다. 이때부터 태아는 의료 기술의 도움을 받아 자궁 밖에서 "독자적으로 생존할 능력"viability이 있다고 판단되기 때문이다. 이에 따라 주 법률은 세 번째 삼분기가 시작되면 임신중단을 금지할 수 있다.

드워킨이 쓴《생명의 지배영역》은 로 대 웨이드 판결에 대한 헌법학적·법철학적 해석서라고 할 수 있다. 이 책에서 가장 주목해야 할 지점은 임신중단에 대한 "파생적 관점"과 "독립적 관점"의 구별이다.[8] 첫 번째 관점은 태아가 법적 인간, 즉 "헌법적 인격"으로서 권리와 이익을 가진다는 사실을 인정하고, 이를 바탕으로 임신중단을 금지하거나 규제해야 한다고 주장한다. 이 주장은 태아의 권리나 이익으로부터 파생되므로, 파생적 관점이라고 불린다. 두 번째 관점은 태아를 법적 인간으로 인정하지 않고, 태아가 법적 권리나 이익의 주체라는 것도 부정한다. 그 대신 태아의 생명을 법이 보호해야 할 "본래적 가치"이자 신성한 것으로 규정한다. 법이 임신중단을 규제하는 것은 가능하지만, 이는 태아가 생명권을 갖기 때문이 아니라 태아 생명이 신성하기 때문이라는 것이다. 이때 생명의 본래적 가치는 태아의 권리나 이익으로부터 파생되지 않고 독립적으로 인정되므로, 독립적 관점이라고 불린다. 요컨대 태아를 생명권의 주체로 인정하느냐 혹은 태아의 생명권은 부정하되 태아 생명의 본래적 가치는 인정하느냐에 따라 임신중단의 문제는 전혀 다른 방식으로 제기된다. 드워킨의 이러한 구별에 따르면, 로 대 웨이드 판결은 임신중단의 문제를 파생적 관점이 아니라, 독립적 관점에서 다뤄야 한다고 선언한 것이다. 이 판결이 임신중단 논쟁의 역사에서 근본적 전환점이 된 이유가 바로 여기에 있다.

마지막으로 한 가지 주목할 점은 블랙먼의 판결문이 태아의 독자적 생존 가능 시점을 아주 정확하게 규정하지는 않았다는 사실이다. 그 시점은 보통 임신 28주이지만, 24주인 경우도 있다고 언급한다. 태아의 발달 단계와 임신중단 허용 기간은 매우 미묘한 문제들을 제기한다. 이 책은 한국의 논의를 분석하기 위해 로 대 웨이드 판결을 표준 논변으로 참조하는데, 태아의 독자적 생존능력이라는 발상을 그대로 받아들이지는 않을 것이다. 이 시점의 모호함에서 여러 혼란과 논쟁이 발생하고 있으며, 이는 여전히 현재진행형이다. 12장에서 다시 이 문제로 돌아오자.

3. 헌법재판소 결정문 읽기

2019년 4월 11일 헌법재판소는 마침내 형법 제269조 제1항 "자기낙태죄" 조항과 제270조 제1항 "의사낙태죄" 조항이 위헌이라는 결정을 내렸다. 여기서 이 결정에 이르게 된 낙태죄 논쟁의 역사와 관련 판례를 따로 살펴보지는 않겠다. 그 대신 결정의 논변 구조를 비판적으로 분석하고, 그 타당성을 검토하는 것에 집중해보자.

헌법재판소는 낙태죄 위헌 여부에 관해 ① 유남석, 서기석, 이선애, 이영진 재판관 4명의 헌법불합치의견, ② 이석태, 이은애, 김기영 재판관 3명의 단순위헌의견, ③ 조용호, 이종석 재판관 2명의 합헌의견을 냈다. 헌법불합치의견과 단순위헌의견이 총 7명이고, 위헌 결정을 위한 심판정족수를 충족하므로, 낙태죄 위헌이 결정되었다. 헌법불합치의견과 단순위헌의견 모두 낙태죄를 위헌이라 보았지만, 두 의견 사이에는 몇 가지 중요한 차이가 있다. 단순위헌은 심판 대상인 법률 조항의 효력을 즉시 정지하는 결정 유형인 반면, 헌법불합치는 해당 조항이 위헌이라고 결정하면서도, 법적 공백으로 인한 혼란을 막기 위해 그 효력을 제한적으로 인정하는 결정 유형이다. 헌법재판소는 이번 심판에서 헌법불합치로 최종 결정을 내렸으며, 이에 따라 낙태죄 조항은 2020년 12월 31일까지 유효하며, 2021년 1월 1일부터 효력을 상실한다. 국회는 이 조항의 효력이 상실되기 전에 임신중단 관련 대체 입법화 과정을 마쳐야 한다. 하지만 헌법불합치의견과 단순위헌의견이 단지 낙태죄 조항의 유효 기간을 두고 갈라지는 것은 아니다. 둘 사이의 더욱 근본적인 차이를 다루기 위해 우선 헌법불합치의견의 논변 구조를 분석해보자.

헌법불합치의견은 크게 세 단계로 구성된다. 첫째, 임신중단에 대한 권리는 여성의 자기결정권에 포함된다. 둘째, 태아는 생명권의 주체다. 셋째, 국가는 임신 22주까지 임신중단을 허용할 수 있으며, 여성과 태아의 권리가 조화롭게 실현될 수 있는 실제적 해법을 모색해야 한다. 겉으로 보기에는 앞서 요약한 로 대 웨이드 판결과 비슷한 구조인 것 같지만, 태아의 생명권을 인정한다는 점에서 결정적 차이가 있다.

1) 임신중단에 대한 권리는 여성의 자기결정권에 포함된다.

이 판단은 특별한 중요성을 갖지 않는 당연한 말처럼 보이지만, 전체 논변을 지지하는 가장 중요한 원리다. 이는 다음의 과정을 통해 도출된다.

① 대한민국 헌법 제10조 제1문에 따라 "모든 국민은 인간으로서의 존엄과 가치를 가지며, 행복을 추구할 권리를 가진다". 이 조항이 말하는 "인간의 존엄성"으로부터 "개인의 일반적 인격권"이 보장된다.
② "개인의 일반적 인격권"에서 "개인의 자기결정권"이 파생된다.
③ "임신한 여성이 자신의 신체를 임신상태로 유지하여 출산할 것인지 여부에 대하여 결정할 수 있는 권리"는 "개인의 자기결정권"에 포함된다.

별로 복잡하지 않은 헌법 해석이다. "인간의 존엄성"으로부터 하위 개념을 하나씩 도출하는 과정으로 이해하면 된다. 물론 각 개념의 분명한 정의가 무엇인지, 이 개념들 사이의 포함 관계가 타당한 것인지를 자세히 분석할 수도 있겠지만, 여기서 그 작업을 할 필요는 없다. 우리는 ③에서 규정된 여성의 권리를 "임신중단에 대한 권리"라고 부르는데, 이 권리가 헌법에서 도출된다는 사실만 기억하자.

2) 태아는 생명권의 주체이다.

헌법불합치의견은 명시적으로 태아의 생명권을

인정한다. 이는 기존 판례들을 수용한 결과다. 그중 2008년 판례를 보자. "모든 인간은 헌법상 생명권의 주체가 되며, 형성 중의 생명인 태아에게도 생명에 대한 권리가 인정되어야 한다. 따라서 태아도 헌법상 생명권의 주체가 되며, 국가는 헌법 제10조에 따라 태아의 생명을 보호할 의무가 있다"(헌법재판소 2008. 7. 31. 선고 2004헌바81 전원재판부 결정). 이 주장의 논변 구조는 아래와 같이 배열될 수 있다.

① 모든 인간은 헌법상 생명권의 주체다.
② 태아에게도 생명에 대한 권리가 인정되어야 한다.
③ 따라서 태아도 헌법상 생명권의 주체다.
④ 국가는 태아의 생명을 보호할 의무가 있다.

그런데 뭔가 이상하지 않은가? "생명에 대한 권리"는 "생명권"과 같은 말이다. 따라서 ②와 ③은 태아의 생명권이 인정되어야 하므로, 태아도 생명권의 주체라고 말하는 셈이다. 이는 나는 옳아야 하므로, 나는 옳다는 것과 비슷한 형식이다. ①의 대전제로부터 ③의 결론을 도출하려면, 태아도 인간이라는 소전제가 중간에 들어가야 한다. 그럼 이 소전제는 어디로 갔는가? 이것은 어떤 근거에서 참인가? 태아가 "형성 중의 생명"이라는 언급은 있지만, 이게 태아도 인간이라는 말은 아니다. 결론에 이르는 핵심 단계가 빠져 있는 것이다.

2019년 낙태죄 헌법불합치의견의 논변도 위 판례와 거의 비슷하다. 태아의 생명권에 관한 핵심 내용이 담긴 단락은 아래와 같다.

인간의 생명은 고귀하고, 이 세상에서 무엇과도 바꿀 수 없는 존엄한 인간 존재의 근원이며, 생명권은 비록 헌법에 명문의 규정이 없다 하더라도 인간의 생존본능과 존재 목적에 바탕을 둔 선험적이고 자연법적인 권리로서 헌법에 규정된 모든 기본권의 전제로서 기능하는 기본권 중의 기본권(헌재 1996. 11. 28. 95헌바1 참조)이라는 점은 논란의 여지없이 자명하다. 모든 인간은 헌법상 생명권의 주체가 되며, 형성 중의 생명인 태아에게도 생명에 대한 권리가 인정되어야 한다. 태아가 비록 그 생명의 유지를 위하여 모(母)에게 의존해야 하지만, 그 자체로 모와 별개의 생명체이고, 특별한 사정이 없는 한, 인간으로 성장할 가능성이 크기 때문이다. 따라서 태아도 헌법상 생명권의 주체가 되며, 국가는 헌법 제10조 제2문에 따라 태아의 생명을 보호할 의무가 있다.

마지막 문장에 주목하자. 태아는 "특별한 사정이

없는 한, 인간으로 성장할 가능성이 크다"는 말은 태아가 아직 인간이 아니라는 의미다. 태아가 인간이라면 이런 식으로 말할 필요가 없다. 더구나 만일 "특별한 사정"이 있다면, 인간으로 성장하지 않을 수도 있다. 따라서 이 문장은 **태아는 인간이 아니지만, 생명권의 주체가 된다**고 주장하는 것이나 다름없다. 그럼 어떻게 인간 아닌 존재가 생명권의 주체가 될 수 있을까? 위 인용문에서 언급했듯이 생명권은 인간이 지닌 "기본권 중의 기본권"인데, 어떻게 인간 아닌 존재가 인간의 기본권을 가질 수 있는가? 바로 이 지점에서 헌법불합치의견은 로 대 웨이드 판결의 논변과 완전히 달라지기 시작한다. 드워킨이 강조하듯, "태아의 생명권"과 "태아 생명의 본래적 가치"를 구별한 것이 로 대 웨이드 판결의 본질적인 요소다. 헌법불합치의견은 이 근본적인 구별을 은근슬쩍 지워버린다.

3) 국가는 결정가능기간 내의 임신중단을 허용할 수 있다.

"결정가능기간"이란 임신한 여성이 임신중단을 결정하고 실행할 수 있는 기간을 말한다. 헌법불합치의견은 임신중단을 원칙적으로 금지해야 할 시점이 임신 22주라고 판단한다. 이때가 지나면 태아가 모체와 떨어지더라도 의료기술의 지원을 받아 독자적으로 생존할 수 있다고 보기 때문이다. 로 대 웨이드 판결과 마찬가지로 태아의 독자적 생존능력 획득을 임신중단 금지 시점의 기준으로 삼는 것이다. 그 이유는 다음과 같다.

이처럼 태아가 모체를 떠난 상태에서 독자적인 생존을 할 수 있는 경우에는, 그렇지 않은 경우와 비교할 때 훨씬 인간에 근접한 상태에 도달하였다고 볼 수 있다.

그런데 입법부의 판단에 따라 임신중단 금지 시점을 더 앞당기는 것은 가능하다. 예컨대 입법부는 태아의 생명 보호를 이유로 임신 20주 이후의 임신중단을 금지하는 법을 만들 수도 있다. 단, 여성이 임신중단 여부를 숙고하고, 자신의 결정을 실행할 시간은 충분히 보장되어야 한다. 임신중단 허용 기간이 너무 짧아서 여성이 급하게 결정하고 실행하는 경우가 없어야 한다는 말이다. 따라서 입법부가 정하는 임신중단 금지 시점은 너무 빨라서도 안 되고, 임신 22주를 넘겨서도 안 된다. 착상부터 입법부가 정한 임신중단 금지 시점까지의 기간이 결정가능기간이다.

이런 판단은 언뜻 태아의 생명과 여성의 자기결정권을 균형 있게 고려한 결과처럼 보이지만, 자세히 보면 태아의 생명권이란 개념에서 발생하는 모순이 더 심각한 형태로 발전하고 있음을 알 수 있다. 가장 먼저 태아의 생명권을 스스로 부정한다. "인간에 근접한 상태"라는 것은 인간이 아니라는 말인데, 어떻게 태아가 생명권의 주체일 수 있는가? 인간 아닌 존재도 권리의 주체가 될 수 있다는 말인가? 만일 헌법불합치의견의 판단을 받아들여 태아가 생명권의 주체라고 가정한다면, 그리고 태아의 생명권이 우리의 생명권과 같은 것이라고 한다면, 임신 22주까지 임신중단을 허용하는 것도 불가능하다. 태아는 이 시점과 상관없이 생명권의 주체이고, 태아의 생명권을 박탈하는 행위는 살인이 될 것이기 때문이다. 그렇다면 헌법불합치의견은 태아의 생명권과 인간의 생명권을 다르게 정의하는 것인가? 이 또한 알 수 없다. 가장 심각한 문제는 태아의 **생명권**과 **생명**을 계속 혼동하고 있다는 사실이다.

헌법불합치의견이 태아의 생명권을 인정하면서도 임신중단을 허용해야 한다고 본 근거는 다음과 같다.

국가에게 태아의 생명을 보호할 의무가 있다고 하더라도 생명의 연속적 발전 과정에 대하여 생명이라는 공통요소만을 이유로 하여 언제나 동일한 법적 효과를 부여하여야 하는 것은 아니다. 동일한 생명이라 할지라도 법질서가 생명의 발전 과정을 일정한 단계들로 구분하고 그 각 단계에 상이

한 법적 효과를 부여하는 것이 불가능하지 않다. 예컨대 형법은 태아를 통상 낙태죄의 객체로 취급하지만, 진통 시로부터 태아는 사람으로 취급되어 살인죄의 객체로 됨으로써 생명의 단계에 따라 생명 침해행위에 대한 처벌의 정도가 달라진다.

이 인용문을 보면, 생명권과 생명이 계속 뒤섞이고 있다는 것을 알 수 있다. 형법이 진통 시점부터 태아를 "사람으로 취급"한다면, 그 이전의 태아는 사람이 아니라는 말이다. 그 시점을 기준으로 낙태죄와 살인죄가 다르게 적용되는 이유가 여기에 있다. 진통 시작 이전의 태아는 인간이 아니므로 생명권의 주체가 아니지만, 그 이후의 태아는 인간이므로 생명권의 주체가 된다. 위 인용문에서 언급하지는 않지만, 민법은 진통이 시작되는 시점이 아니라 출생 시점을 기준으로 태아와 인간을 구별한다. 형법과 민법의 기준이 각각 타당한지, 두 기준이 달라도 되는지는 별도로 다뤄야 할 문제겠지만, 중요한 점은 둘 다 인간이 되는 시점과 권리의 주체가 되는 시점을 일치시키고 있다는 사실이다. 또한 대법원은 1976년 판례에서 태아는 인간이 아니므로 "권리의무의 주체"도 아니고, "권리능력"도 없다는 점을 분명하게 밝힌다.[9] 그런데 헌법불합치의견은 태아가 인간이 되는 때를 권리 주체의 탄생 시점이 아니라,

"생명의 연속적 발전 과정"으로 개념화한다. 태아도 생명권의 주체라고 전제한 상태에서, 우리와 태아는 생명의 서로 다른 발전 과정에 속하기 때문에 서로 다르다고 말하고 싶은 것인가? 그래서 태아가 생명권의 주체이기는 하지만 그럼에도 임신 22주 전까지는 그 생명을 빼앗을 수 있다는 말인가?

이 모든 문제는 태아가 인간인지 아닌지에 대한 논증을 하지 않은 채, 태아도 생명권의 주체라는 결론을 억지로 끼워 맞추려다 보니 발생하는 것이다. 임신중단에 대한 권리가 여성의 자기결정권에 포함된다는 첫 번째 판단은 헌법에서 순차적으로 도출된 반면, 태아가 생명권의 주체라는 두 번째 판단은 어디에서 튀어나온 것인지 알 수 없다. 헌법 해석에서 도출되는 것도 아니고, 이와 관련한 정치적 합의가 이루어지지도 않았다. 그래서 태아는 생명권의 주체이므로 생명권의 주체라는 식의 동어반복적 논증이 반복되는 것이다. 앞에서 언급했던 사실을 다시 한 번 강조하고 넘어가자. **태아의 생명권에 관련해서는 다음의 두 가지 논리적 선택지만 존재한다. ❶ 태아는 인간이 아니고, 생명권의 주체도 아니다. ❷ 태아는 우리와 동등한 법적 인간이고, 우리와 같은 생명권의 주체다.** 첫 번째를 선택한 경우에만 임신중단에 대한 권리를 인정할 수 있고, 두 번째를 선택한다면 임신중단은 범죄가 된다. 물론 이 두 가지 외에 제3의 선택지를 찾는 게 원리적으로 불가능한 일은 아니겠지만, 숱한 논리적 문제와 실천적 어려움을 해결해야 할 것이다. 헌법불합치의견은 태아가 인간은 아니지만 생명권의 주체가 된다는 제3의 논리를 선택한 것처럼 보이지만, 거기에서 발생하는 문제들을 전혀 해결하지 않았다.

4. 헌법불합치 vs 단순위헌

지금까지 검토한 헌법불합치의견의 문제는 단순위헌 의견과 비교해보면 더욱 분명히 드러난다. 단순위헌의 견은 태아의 생명권과 생명에 관해 이렇게 말한다.

태아는 모에게 의존적이긴 하지만 엄연히 별개의 생명체이다. 태아는 모체에서 점점 성장하여 인간 의 모습에 가까워진 후 출생을 통하여 인간이 되 므로, 인간이라는 생명의 연속적인 발달 과정의 일부이다. 태아가 생명체라는 점과 별개로, 태아 가 과연 기본권 주체로서의 '인간'에 해당하는가 에 관하여는 세계적으로 많은 논의가 있고, 태아 가 생명권이라는 기본권의 주체가 될 수 없다고 본 재판기관의 판단이나 위원회의 의견들도 있으 나, 이러한 경우에도 태아의 생명이 소중하고 보 호할 가치가 있음은 부정되지 않았다. 태아가 생 명권에 대한 기본권 주체가 되는가에 관계없이, 태아는 그 자체로 생명으로서 점차 성장하여 인간으로 완성될 수 있는 존재이므로, 생명을 존중하는 헌법의 규범적·객관적 가치질서와 인간으로서의 존엄과 가치를 선언한 헌법 제10조에 따라 국가는 태아의 생명 보호라는 중대한 공익을 추구하여야 한다는 점은 자명하다.

이 인용문은 태아가 법적 인간인지, 생명권의 주체인지 분명하게 판단하지 않는다. 그렇지만 생명과 생명권의 구별을 명시적으로 밝힘으로써, 태아가 생명권의 주체라는 의견을 결과적으로 배제하고 있다. 물론 판단의 정확성을 위해서는 태아가 생명권의 주체가 아니라는 점을 분명히 언급했어야 하지만, 적어도 헌법불합치의견에 나타난 논리적 모순과 개념적 오류는 적절히 피해 간다.

단순위헌의견은 다음과 같이 세 단계의 판단으로 요약된다.

1) 임신의 유지와 종결을 결정할 권리는 여성의 자기결정권에 포함된다.
2) 태아의 생명 보호는 국가가 추구해야 할 중대한 공익이다.
3) 국가는 다음 세 가지 이유에서 임신중단에 대한 권리를 제한할 수 있다. ① 태아의 생명 보호, ②

임신한 여성의 생명과 안전 보장, ③ "임신한 여성의 자기결정권 보장을 위한 기간 부여의 한계".

첫 번째 판단의 정당화 과정은 앞 장에서 살펴본 헌법불합치의견의 첫 번째 판단과 다르지 않다. 두 번째 판단을 정당화하는 것도 별로 어렵지 않다. 태아의 생명권을 인정하지 않더라도, 공동체의 유지를 위해 태아의 생명을 보호해야 한다는 것은 너무나 자명한 원리로 보이기 때문이다. 필요하다면 민주주의적 논의 과정을 거쳐 태아 생명의 가치를 정치적으로 합의하거나, 태아의 생명 보호를 위한 입법을 하는 것도 가능하다. 그런데 위 인용문을 보면, 단순위헌의견은 헌법 제10조에서 두 번째 판단의 근거를 찾는다. 모두가 알고 있는 이 조항의 내용은 다음과 같다. "모든 국민은 인간으로서의 존엄과 가치를 가지며, 행복을 추구할 권리를 가진다. 국가는 개인이 가지는 불가침의 기본적 인권을 확인하고 이를 보장할 의무를 진다." 여기서 몇 가지 의문이 제기된다. 태아가 "생명으로서 점차 성장하여 인간으로 완성될 수 있는 존재"라면, 태아는 아직 인간이 아니다. 그럼 어떻게 헌법적 인간의 존엄과 가치를 규정한 헌법 제10조에서 비인간 태아의 생명을 보호해야 한다는 원리가 도출될 수 있는가? 이는 태아가 인간인지 아닌지에 대한 판단을 유보했기 때문에 발생하는 문제다. 핵심 문제에 대한 모호한 태도가 개념적으로 정확한 논증을 구성하지 못하도록 방해하는 것이다.

세 번째 판단이 권리 제한의 조건으로 인정한 세 가지 이유 중 앞의 둘은 로 대 웨이드 판결이 "강력한 이익"이라 부른 것과 같다. 먼저 ① 태아의 생명 보호라는 이익을 근거로, 임신 22주 이후의 임신중단은 원칙적으로 금지된다. 그때부터 태아는 의료 기술의 지원을 받아 독자적으로 생존할 수 있기 때문이다. 이 시점은 로 대 웨이드 판결의 24~28주에 비해 앞당겨진 것이다(의료 기술의 발전에 따라 태아가 독자적 생존능력을 획득하는 시점은 계속 앞당겨질 가능성이 높은데, 이는 독자적 생존능력이라는 기준 자체가 상당히 유동적임을 보여준다). 그리고 ② 임신한 여성의 생명과 안전 보장을 위해, 임신 14주부터 22주 무렵까지는 임신중단에 대한 권리를 부분적으로 제한할 수 있다. 이 두 가지 제한 조건이 개입하기 이전, 즉 **임신 약 14주까지는 임신중단에 대한 권리가 어떤 제한도 없이 보장되어야 한다.** 여기까지는 로 대 웨이드 판결이 제안한 삼분기 체계의 기본 형식과 크게 다르지 않다. 그러나 ③ "임신한 여성의 자기결정권 보장을 위한 기간 부여의 한계"는 문제적이다. 단순위헌의견은 여기서 자기결정권 개념을 기묘한 방식으로 왜곡한다. 이 문제는 9장에서 본격적으로 다룰 것이다.

단순위헌의견의 세부 내용에는 몇 가지 쟁점이 있지만, 기본적인 논변의 정합성과 일관성에는 큰 문제가 없다. 문제는 낙태죄 위헌의 최종 결정 유형이 헌법불합치라는 사실이다. 이로 인해 국회에서 정치적 논의의 합리적 토대를 확보하기가 매우 어려워졌다. 하지만 헌법재판소의 역할은 낙태죄 위헌 여부를 판단하는 것이 전부이고, 새로운 법을 만드는 일은 입법부의 고유 권한에 속한다. **국회는 헌법불합치의견의 개념적 오류와 논리적 모순을 제거하는 작업부터 시작해야 한다.**

헌법불합치의견이 태아의 생명권을 인정한 것이 뭐 그리 심각한 문제냐고 반문할 사람이 있을지도 모르겠다. 실제로 많은 사람이 태아 생명의 가치를 강조하기 위해 생명권 개념을 사용한다. 하지만 허술한 개념 사용에 관대한 이런 경향을 조심해야 한다. 생명과 생명권의 구별은 임신중단을 둘러싼 정치적 갈등에서 결정적 요인으로 작동한다. 임신중단의 문제는 재판정을 떠나 입법부의 정치적 영역으로 이동했으며, 이제 임신중단에 대한 여성의 자율성과 책임을 강조하는 진영과 임신중단에 대한 국가의 통제와 감시를 강화하려는 진영이 충돌할 것이다. 이때 헌법불합치의견이 인정한 태아의 생명권 개념은 여성의 몸에 대한 직접적 통제를 정당화하는 무기로 사용될 가능성이 높다. 현재 한국의 정치적 지형에서 여성의 자기결정권을 강조하는 목소리는 "태아의 생명권"이라는 말의 힘에 비해 너무나 허약하기 때문이다. 헌법불합치의견은 엄밀한 법적 논증을 한 것이 아니라 앞뒤가 맞지 않는 정치적 판단을 한 것이고, 그 결과 태아의 생명권은 법적 개념이 아니라, 아무 데나 가져다 쓸 수 있는 정치언어가 되어버렸다.[10] 헌법재판소의 결정은 낙태죄 폐지를 지지해온 시민들에게 큰 환영을 받았지만, 결과적으로는 임신중단 반대 진영에게 강력한 무기를 쥐여준 꼴이 되어버렸다.

5.   민주주의의 인간과 비인간: 동물과 태아

로 대 웨이드 판결은 태아가 생명권을 가진 헌법적 인격이 아니라고 판단한다. 2019년 낙태죄 위헌소원에 대한 헌법재판소의 세 가지 의견도 태아가 법적 인간이라고 명시적으로 인정한 적이 없다. 그럼 태아가 권리 주체로서의 법적 인간이 되는 것은 불가능한가? 물론 절대적으로 불가능한 것은 아니다. 누구든지 출산 이전과 출산 이후의 존재가 동등하게 인간으로 인정되는 법, 정치, 도덕 체계를 이론적으로 설계할 수 있다. 그건 아마도 우리가 경험하지 못한 새로운 세상을 구상하는 일이 될 것이다. 그런데 우리가 살아가는 근대 정치체제가 그런 세상과 양립할 수 있을까? 이 문제는 우리를 원리적인 질문으로 인도한다. 누가 권리의 주체가 될 수 있는가? 권리란 무엇인가? 현행 법체계가 태아를 인간 범주에 포함하지 않는다는 사실 자체보다, 그 철학적 이유를 이해하는 게 더 중요하다.

　인간이라는 범주는 근대 민주주의 정치체제의 토대 중 하나다. 그것은 대립하는 두 가지 원리를 함축한다. ❶ **인간의 권리는 보편적이다.** ❷ **인간과 비인간은 다르다.** 여기서 인간과 비인간이란 생물학적 개념이 아니라, 존재론적·정치적·법적 위계질서를 구성하는 상위 범주와 하위 범주다. 첫 번째 원리에 따라, 민주주의는 인간이라면 그 누구도 배제하지 않는다. 모든 인간은 인간으로서의 기본적 권리를 평등하게 보장받는다. 이때 평등이란 무엇보다 권리상의 어떠한 차별도 허용하지 않는다는 의미다. 요컨대 민주주의는 보편적 포괄inclusion을 존재 이유로 삼는 정치체제다. 그런데 이 포괄의 원리는 이미 배제exclusion의 원리를 전제하고 있다.[11] 민주주의는 오로지 인간으로 분류된 존재들만 정치공동체의 구성원으로 받아들이기 때문이다. 비인간은 권리와 참여의 주체가 될 수 없다. 그럼 무엇이 비인간인가? 예컨대 여성, 흑인, 이주민, 성소수자, 광인, 장애인 등 이른바 소수자라 불리는 집단은 오랫동안 인간 범주에서 제외되었다. 그렇지만 이들만을 비인간이라 부른다면, 인간과 비인간을 그야말로 인간중심주의적으로 구별하는 일이 될 것이다. 비인간 범주에는 배제의 대상조차 되지 못하는 존재들, 예컨대 동물, 식물, 생명없는 사물 등도 있다.

　　이 두 가지 원리의 기원은 민주주의의 고대 모델로 거슬러 올라간다. 인간과 비인간의 구별은 고대 그리스의 아테네에서 시민과 비시민의 구별이라는 형태로 등장한다. 먼저 시민polites은 배타적 지위로 규정된다. 즉 아테네 출신의 성인 남성으로서 **집**oikos의 주인이어야만 **공동체의 정치적 공간**polis에 참여하는 시민이 될 수 있다. 이 시민들은 절대적으로 평등한데, 정치란 다스리는 자와 다스림을 받는 자가 구별되지 않는 활동, 다스림이 곧 다스림을 받는 것과 일치하는 활동이기 때문이다. 반면, 여성, 어린이, 노예는 집이라는 경제적·사적 공간에 속한다는 이유로 정치공동체의 시민이 될 수 없다.[12] 흔히 고대 아테네의 이상적 모습은 "직접 민주주의"이고, 배제된 비인간의 존재는 그 현실적 한계라고 말하는 경우가 많은데, 이는 매우 부정확한 이해다. 모든 시민이 정치공동체에 평등하게 참여한다는 포괄의 원리, 그리고 경제적 삶을 운영하는 집단은 그에 참여할 수 없다는 배제의 원리는 고대 그리스 민주주의를 지탱하는 두 기둥이다. 이 둘은 동전의 양면과도 같아서 한쪽 원리는 다른 쪽을 전제하고, 둘 중 하나라도 없다면 민주주의가 성립하지 않는다.

인간/비인간의 구별, 즉 포괄의 원리와 배제의 원리는 근대 민주주의에서 훨씬 더 정교한 방식으로 재생산된다. 민주주의의 고전 모델과 근대 모델 사이에 이행과 단절이 존재한다면, 그건 시민과 비시민의 구별이 인간과 비인간의 구별로 대체되었다는 점 때문이다. 아테네 민주주의가 정치와 경제라는 공간적 구별에 따라 시민과 비시민을 비교적 단순하고 명확하게 구별했다면, 근대 민주주의는 매우 다양한 조건에 따라 인간을 분류하고 범주화하는 기술을 발전시킨다. 따라서 인간과 비인간의 경계는 모호하고 유동적이며, 역사적 조건과 정치적 상황에 의해 항상 재정의된다. 그렇지만 경계 자체는 결코 사라지지 않으며, 그 핵심 기준도 확고하다. 인간이란 자율적 존재이며, 자율성autonomy을 갖지 못한 존재는 비인간으로 간주된다.

임마누엘 칸트가 《계몽이란 무엇인가에 대한 답변》(1784)에서 밝힌 계몽의 의미에 따르면, **미성년의 상태**에서 벗어나 자신의 지성을 사용할 줄 아는 자, 즉 현대인이 **자율적 인간**이라고 부르는 자만이 근대적 시민이 될 수 있다. 이런 인간은 자유로운 존재로서, 자유롭다는 사실에 의해 타인과 평등하고, 타인과 평등하다는 사실에 의해 자유로울 수 있다.**13** 인간의 자율성은 자유로운 타인들과의 평등한 관계를 전제한다는 점에서 단지 개인적 차원에 머물지 않으며, 오로지 집단적 실천에 의해서만 실현될 수 있다. 인민people이란 자유롭고 평등한 인간들의 집단이고, 집단적 차원의 자율성은 인민의 자기 지배라는 형태로 표현된다. 이러한 자기 지배democracy를 한국어에서는 민주주의라고 번역한다. 근대적 인간이 자율성에 의해 정의된다면, 미성년의 상태에 머물러 있는 비자율적 존재는 온전한 의미의 인간이 아니다. 여기서 "미성년의 상태"라고 옮긴 독일어 "운뮌디히카이트"Unmündigkeit는 프랑스어 "미노리테"minorité와 영어 "마이너리티"minority로 번역될 수 있고, 오늘날 널리 사용되는 소수자 개념의 핵심을 정의한다. 요컨대 **소수자란 단지 수가 적은 집단이 아니라, 미성년의 상태에서 벗어나지 못했거나, 미성년의 상태에 머물기를 강요받는 집단이다.** 이런 미성년의 상태를 벗어나 자율적 상태가 되는 것을 **해방**emancipation이라 부른다(해방은 법률 용어에서 파생된 개념이고, 미성년자가 법적 후견인으로부터 벗어나 독립적 성인이 되는 걸 의미한다). 근대 민주주의의 궁극적 목표는 인간의 해방이다. 이때 해방이란 단지 종속 상태나 억압에서 벗어난다는 것이 아니라, 모든 인간이 개인적이고 집단적인 차원에서 자율적이고 독립적인 상태에 도달하는 것을 의미한다. 이런 식으로 민주주의, 소수자, 해방의 문제가 칸트의 텍스트 안에서 접합된다.

해방이 민주주의의 목표인 이상, 해방되지 않은 상태와 해방된 상태, 소수자와 자율적 인간의 구별은 필수적이다. 이러한 구별은 거대한 존재론적 위계 구조를 전제한다. 이 구조의 꼭대기에는 남성, 서구인, 백인, 이성애자, 성인 등의 조건으로 구성된 자율적 인간의 표준이 있다. 그 아래층에는 비서구인, 여성, 성소수자, 장애인, 어린이 등이 놓인다. 다시 그 아래에는 동물과 식물이 위치하고, 최하층에는 생명 없는 사물이 있다. 근대 민주주의 초기에는 이 구조의 꼭대기에 있는 집단만을 정치공동체의 구성원과 권리의 주체로 인정했다. 그 아래층의 집단들은 미성년의 상태에 남아 있다고 간주되거나 혹은 미성년의 상태에 남기를 강요당했다. 이런 식으로 인간과 비인간의 경계는 꼭대기 층과 바로 그 아래층 사이에 위치해 있었다. 세계 민주주의가 거쳐온 지난 두 세기는 이 경계가 점차 아래쪽으로 이동하는 과정이었다. 해방이란 단순히 몇몇 개인이나 집단이 미성년의 상태에서 벗어나는 것이 아니라, 인간/비인간의 경계를 위계 구조의 아래쪽으로 이동시키는 것, 즉 인간 범주의 확장을 의미한다.

최소한 법적 수준에서는 이러한 해방의 과정이 꾸준히 진전되어왔다. 남성과 여성, 서구인과 비서구인, 백인과 흑인, 비장애인과 장애인, 이성애자와 동성애자를 공식적으로 차별하는 법체계는 이제 거의 사라졌다. 법적 차별이 남아 있는 국가가 있다면, 그곳의 민주주의는 발전 수준이 낮은 것으로 간주된다. 물론 법적 수준의 해방이 정치적·사회적 수준의 해방과 필연적으로 일치하지는 않는다. 지금도 세상 어딜 가나 여성, 흑인, 성소수자, 장애인을 비인간으로 취급하는 정치 행위가 쉽게 발견되고, 차별에서 완전히 자유로운 일상 공간을 찾기도 어렵다. 그래도 어쨌든 법의 영역에만 시선을 집중한다면, 민주주의는 일관성 있게 진보해왔다고 말할 수 있다.

소수자가 평등한 권리의 주체로 인정받아온 역사는 근대 민주주의 모델의 한계가 극복되는 과정이 아니었다. 오히려 그 모델의 기초인 포괄의 원리를 충실히 구현하는 과정이었음에 유의해야 한다. 특히 여성에게 참정권이, 흑인에게 시민권이, 성소수자에게 결혼할 권리가 보장된 20세기의 역사는 칸트적 의미의 해방을 향한 민주주의의 진전이었다. 여성, 흑인, 성소수자를 법적 인간에서 배제하는 것은 오로지 비지성적, 비합리적, 비계몽주의적 믿음에 기초할 때만 가능하다. 하지만 **민주주의적 포괄의 원리는 항상 민주주의적 배제의 원리와 함께 작동하며, 소수자를 포괄하는 과정과 소수자를 재생산하는 과정은 항상 함께 일어난다.**[14] 근대 민주주의는 한편에서 법적 수준의 평등을 실현하는 동시에, 다른 한편에서는 다양한 소수자 집단을 재생산해왔다. 가장 정교한 차별과 배제의 기술이 적용된 대상은 정신장애인이다. 이러한 기술은 법이 아니라 지식 권력에 의존한다. 배제의 원리가 가장 폭력적인 방식으로 실현되는 대상은 비시민 이주민 집단이다. 이들은 국가의 영토에 거주하지만, 국가법의 외부에서 살아가는 존재다. 여기에 다른 소수자 집단과 이주민의 근본적인 차이가 있다. 국적nationality이 근대 시민성 모델의 핵심

인 이상, 국가의 법이 국적 없는 인간을 평등한 권리의 주체로 인정할 방법은 없다. 그래서 이주민은 결코 포괄될 수 없고, 오로지 배제의 대상만 되는 특수한 집단이라고 할 수 있다.

포괄의 범위가 아무리 넓어져도 포괄의 잔여물들, 배제되는 것들은 언제나 존재한다. 근대 민주주의 모델이 전제하는 존재론적 위계 구조에서 인간 범주를 아래쪽으로 확장한다고 해도 동물, 식물, 생명 없는 사물 등은 여전히 비인간으로 남는다. 민주주의적 배제의 원리가 가장 엄격하게 작동하는 대상이 바로 이것들이다. 동물을 인간으로 인정하기 어려운 이유는 무엇인가? 일단 동물은 우리 인간과 동일한 지성과 감각을 가지고 있지 않으며, 우리와 언어적 소통을 할 수도 없다. 설사 동물의 지성, 동물의 언어가 존재한다고 해도 인간의 것과는 전혀 다르다. 우리가 사용하는 이성, 지성, 언어, 자율성, 도덕, 주체성 등의 개념을 그대로 유지하는 이상, 동물을 자율적 인간으로 인정하기는 힘들다.

물론 그렇다고 해서 동물을 인간으로 인정하는 민주주의적 법체계를 상상해보는 게 불가능하지는 않다. 예를 들어 고통을 느낄 수 있는 동물 종을 권리의 주체로 인정하는 경우를 상상해보자. 그것이 구체적으로 어떤 형태가 될지는 모르지만, 다음 내용만은 분명히 말할 수 있다. 첫째, 인간과 비인간의 경계는 사라지는 것이 아니라, 고통을 느끼는 동물 종과 느끼지 못하는 동물 종 사이로 이동한다. 인간 범주는 단지 확장될 수 있을 뿐, 모든 존재자를 포괄하지는 않는다. 둘째, 고통을 느끼는 동물 종은 우리와 똑같이 인간으로 인정되어야 한다. 법적 인간 개념의 외연이 완전히 달라지는 것이다(편의상 우리를 "우리 인간", 인간 범주에 새롭게 포괄된 동물을 "동물-인간"이라고 부르자). 그럼 동물을 자기 행위의 책임을 지는 권리와 의무의 주체로 간주해야 한다. 예컨대 우리 인간이 동물-인간을 죽이는 행위는 물론, 동물-인간이 다른 동물-인간을 죽이는 행위도 살인으로 처벌해야 한다. 반면 고통을 느끼지 못하는 동물을 죽이는 건 여전히 허용될 것이다. 더 나아가 동물-인간의 참정권을 어떻게 보장할 것인지도 고려해야 한다. 인간이 가진 권리 중 가장 결정적인 것은 정치적 삶에 참여할 권리이기 때문이다. 개별 인간은 정치적 참여를 통해 자신의 권리와 의무를 스스로 정한다. 이러한 민주적 참여에서 배제된 존재는 결코 자율적 인간의 지위를 온전하게 획득할 수 없다. 이런 식으로 상상해보면, 근대 정치체제가 전제하는 존재론과 민주주의의 기본 원리를 유지하면서 동물을 법적 인간으로 인정하는 것이 얼마나 어려운 일인지 쉽게 알 수 있다.

대부분의 사람은 동물을 인간으로 인정할 수 있느냐는 질문에 별 관심이 없지만, 태아가 법적 인간이라는 주장은 진지하게 토론할 가치가 있다고 생각한다. 어쨌든 모든 자율적 인간은 태아가 성장한 결과물이기 때문이다. 하지만 태아가 법적 인간이냐는 질문을 깊이 탐구해보면, 동물을 법적 인간으로 인정할 때 발생하는 것과 거의 같은 어려움을 직면하게 된다. 일단 태아는 자신의 지성을 사용할 줄 아는 자율적 인간이 아니다. 합리적 판단에 기초해서 자신의 의지를 형성하고, 그에 따라 행위하는 존재가 아니기 때문이다. 그래서 자기 행위의 책임을 지는 권리와 의무의 주체라고 할 수도 없다. 흔히 태아를 "잠재적 인간"이라고 말하는 경우가 많은데, 잠재적이라는 것은 아직 인간이 아니라는 말이다.

그러나 태아의 경우에도 인간으로 인정하는 게 절대적으로 불가능한 일은 아니다. 드워킨은 이렇게 질문한다. 태아의 생명권을 부정한 로 대 웨이드 판결에도 불구하고, 주 법률은 태아를 생명권의 주체인 법인격으로 인정할 수 있는가? 물론 가능할 것이다. 기업에게 법인격을 부여하듯이, 심지어 나무를 법인격으로 보는 법체계를 생각해볼 수도 있다. 단, **법이 나무를 인간으로 규정했다면, 나무를 베는 행위를 살인으로 처벌해야 한다.** 어떤 경우든 법은 일관성과 체계성을 갖추어야 하기 때문이다.[15] 마찬가지로 태아를 법적 인간으로 인정한다면, 어떤 경우에도 임신중단에 대한 권리는 인정될 수 없다. 출생의 배경이 무엇이든 살아 있는 인간을 살해할 수 없는 것처럼, 강간이나 근친상간에 의한 임신이라고 해서 태아의 생명을 빼앗을 수는 없다. 또한 태아가 모체의 생명을 위협한다고 해도 임신중단은 허용되지 않는다. 한 인간이 살아 있다는 사실 자체가 다른 인간의 생존을 위협한다고 해서 그를 죽일 수는 없기 때문이다. 물론 모체의 생명을 살리기 위해 태아의 생명을 빼앗아야 하는 극단적 상황이 발생할 수 있다. 그런데 이러한 선택은 사실상의 차원에서는 임신중단과 같을 수 있겠지만, 권리상의 차원에서는 결코 임신중단이라는 개념으로 규정될 수 있는 것이 아니다. 법적으로 동일한 지위를 가진 두 명의 인간이 신체적으로 결합해 있고, 둘 중 하나를 살리기 위해 다른 하나를 희생해야만 하는 상황이기 때문이다. 따라서 모체를 살리기 위해 태아를 희생하는 경우, 그리고 태아의 생명을 구하기 위해 모체를 희생하는 경우는 동등한 두 가지 선택지로 고려되어야 한다. 이런 의학적 선택을 정당화하는 법률을 만들 수도 있겠지만, 그것은 임신중단을 허용하는 법 조항과는 아무런 관련이 없을 것이다.

태아를 인간으로 인정하는 법체계를 구축하려면, 임신중단 말고도 여러 가지 문제를 고려해야 한다. 예컨대 태아가 자연유산되었을 경우, 인간이 사고나 질병으로 사망한 것과 동일한 법적 절차를 밟아야 할 것이다. 난임 여성이 체외 수정을 시도할 때 다⁺태아 임신을 방지하기 위해 선택적 유산을 시행하는데, 이것도 금지되어야 한다. 이미 착상된 태아를 유산시키는 것은 살인이 될 것이기 때문이다.[16] 한국의 민법과 형법은 각각 출생 시점과 진통이 시작된 시점을 기준으로 태아와 인간을 구별하는데, 이런 기준도 다 바꿔야 한다. 이러한 문제들을 하나씩 검토하다보면, 태아 생명의 가치를 강조하는 사람은 많아도, 태아를 인간으로 분류하는 법 체계를 구축하자고 주장하는 사람은 왜 없는지 이해할 수 있다.

6. 비인간도 권리의 주체가 될 수 있는가?

앞 장을 읽은 독자는 이런 질문을 던질지도 모르겠다. 인간과 비인간을 구별하는 기준이 무엇인지와 누가 권리의 주체가 될 수 있는지는 서로 다른 문제 아닌가? 즉 동물이나 태아를 비인간으로 규정한다고 하더라도, 법이 이러한 비인간을 권리 주체로 보고 특정한 권리를 부여하는 것은 가능하지 않을까? 예컨대 학대당하지 않을 동물의 권리를 보장하거나, 인간의 생명권과 구별되는 태아의 생명권을 따로 정의하는 것이다. "동물권"에 관한 최근의 주장들은 이런 가능성을 전제하는 것으로 보인다. 낙태죄 헌법불합치의견도 인간으로 규정되지 않은 태아에게 생명권을 부여하면서, 비인간의 권리를 인정할 가능성을 (스스로 의식하지는 못했더라도) 전제하고 있다. 이 책에서는 처음부터 이런 가능성을 반박해왔는데, 이제 그 이유를 자세히 살펴보자.

본격적인 논의에 앞서, 개념어 번역에서 발생하는 어려움을 고려할 필요가 있다. 한국어 개념 대부분이 서구어 개념의 번역어로 창조된 것이고, "권리"도 마찬

영어	law (법)	right (권리)
프랑스어	droit objectif (객관적 법 혹은 객관적 권리)	droit subjectif (주관적 법 혹은 주관적 권리)
독일어	objektives Recht (객관적 법 혹은 객관적 권리)	subjektives Recht (주관적 법 혹은 주관적 권리)

가지다. 다른 개념들과 마찬가지로 권리 역시 특정 서구어 개념 하나에만 대응하지 않는다. 특히 영어 개념과 유럽어 개념의 차이에 유의해야 한다. 일반적으로 영어 "로"law와 "라이트"right는 한국어 "법"과 "권리"로 번역된다. 그런데 프랑스어 "드루아"droit와 독일어 "레히트"Recht는 법과 권리를 모두 의미한다. 단, 같은 단어에 "주관적", "객관적"이라는 형용사를 붙여 두 가지 의미를 구별한다. 이해를 돕기 위해 서구어 개념과 번역어 사이의 관계를 〈표 1〉과 같이 도식화해보자.

상당수의 학자가 편의상 이런 방식으로 영어와 유럽어 개념을 대응시키는데, 아주 정확한 것은 아니다. 각 개념은 서로 다른 언어권의 지적 전통을 따라 발전해왔으며, 영미법과 유럽법의 이론적·실천적 차이를 반영한다.[17] 그럼 한국어 "권리"는 영어와 유럽어 개념 중 어떤 것을 번역한 것인가? 혹은 이 두 개념과 상관없이 새롭게 정의된 것인가? 이 질문에 대해 정치적·학술적으로 합의된 답은 존재하지 않는다. 한국어 권리 개념을 어떤 지적 전통에 위치시켜야 할지는 불분명하다. 이런 불분명함에서 여러 가지 어려움이 발생한다. 권리 개념에 관한 영어와 유럽어 문헌 중 어떤 것을 참고하느냐에 따라 법과 권리에 관한 전혀 다른 이해가 나오기 때문이다. 이 책에서 개념 번역의 문제를 더 자세히 다룰 수는 없지만, 번역의 문제가 있다는 사실은 늘 기억해야 한다.

동물이나 태아 같은 비인간도 권리의 주체가 될 수 있는지 검토하기 위해서는 권리 개념에 관한 몇 가지 기초적인 이해가 필요하다. 가장 중요한 것은 **의지 이론**will theory과 **이익 이론**interest theory을 구분하는 일이다. 둘 중 어느 것을 선택하느냐에 따라 권리는 완전히 다른 방식으로 이해된다. 법학자마다 설명하는 방식은 조금씩 다르지만, 두 이론의 핵심 발상을 요약할 수는 있다. 의지 이론에서 권리란 권리 소유자의 의지를 실현하도록 해주는 것, 특히 타인의 의무에 대해 힘을 행사하도록 해주는 것이다. 반면, 이익 이론에서 권리의 기능은 권리 소유자의 이익을 발전시키는 것으로 정의된다. 이 두 가지는 같은 권리를 다른 방식으로 설명한다. 예컨대 의지 이론에 따르면, 책상에 대한 나의 소유권은 책상에 대해 내 의지를 행사할 수 있다는 사실을 의미하고, 이와 동시에 허락 없이 내 책상을 사용하면 안 된다는 타인의 의무에도 대응한다. 내가 생명권의 주체라면, 나의 생명은 내 의지를 행사할 수 있는 영역으로 고려되고, 타인에게는 나를 살해하면 안 될 의무가 부과된다. 이익 이론에 따르면, 내가 책상 소유자로서 권리를 가진다는 것, 생명권의 주체라는 것이 일차적으로 의미하는 바는 대상에 대한 내 의지를 실현하거나 타인에게 의무를 요구할 수 있음이 아니라, 그런 권리에 의해 내가 이익을 얻는다는 사실이다.

의지 이론과 이익 이론의 차이가 드러나는 대표적 쟁점 중 하나가 바로 비인간의 권리 문제다. 비인간은 어떤 대상이나 타인에게 자신의 의지를 행사하거나 의무를 요구할 수 있는 존재가 아니므로, 의지 이론이 비인간의 권리를 인정하기는 힘들다. 반면, 이익 이론에서는 이익을 누릴 수 있는 존재라면 무엇이든 권리 소유자가 될 수 있다. 고통을 받지 않는 것이 동물의 이익이라면, 동물은 고통받지 않을 권리의 소유자라고 말할 수 있는 것이다.[18]

의지 이론과 이익 이론은 서로 대립하는 관점이지만, 둘 모두가 인정하는 권리의 일반적 특징을 찾는 게 불가능하지는 않다. 권리란 일반적으로 어떤 대상을 갖거나, 어떤 행위를 하거나, 타인에게 무엇인가를 요구할 **자격**entitlement이다. 의지 이론은 이러한 자격이 권리 소유자의 의지를 실현하기 위한 것이라 본다. 이익 이론에 따르면, 그러한 자격이 권리를 정의하는 것은 그것이 권리 소유자의 이익에 부합하기 때문이다. 권리를 자격으로 본다면, 반드시 권리의 소유자(권리 주체), 자격으로서의 권리, 권리의 대상, 권리에 대응하는 타인의 의무를 구별해야 한다. 예를 들어 내가 어떤 책의 소유자라는 것은 그 책에 대한 소유권을 가진다는 의미다. 이때 책이라는 대상 그 자체 그리고 이 대상에 대한 내 권리는 다른 것이다. 즉 나는 책을 읽는 것이지, 책에 대한 내 권리를 읽는 게 아니다. 또한 타인이 내 책을 훔치면 안 된다는 의무는 책이라는 사물에서 나오는 게 아니라, 책에 대한 내 권리에 대응하는 것이다. 마찬가지로 살아 있다는 사실과 생명권의 주체임은 다르다. 나는 내 생명을 살아가는 것이지, 생명권을 살아가는 게 아니다. 나를 죽이면 안 된다는 타인의 의무는 내 생명권에 대응하는 것이지, 내가 살아 있다는 사실에서 나오지 않는다. 생명권에 대해 말할 때는 생명권의 주체, 생명권, 생명, 생명권에 대응하는 타인의 의무를 구별해야 한다.

권리의 본성과 기능을 의지 이론으로 정의하든 이익 이론으로 정의하든 간에, **도덕적 권리**와 **법적 권리**를 구별해야 한다. 법적 권리란 말 그대로 법률에 따라 규정된 권리다. 내 소유물을 허락 없이 사용하면 안 된다는 타인의 의무와 내 소유권을 대응시키는 것은 국가의 법률이다. 내 소유권이 침해당하면, 국가권력에 필요한 조치를 요구할 수 있다. 반면 도덕적 권리는 법률에 의해 규정되지 않은 권리다. 예컨대 나는 부자에게 기부를 요구하는 게 나의 권리라고 주장할 수 있다. 이런 권리가 의존하는 것은 법률이 아니라 사람들의 도덕의식이다.[19] 도덕적 권리 중 어떤 것은 일반적 규범으로 인정되지만(내가 호의를 베푼 상대방에게 감사 인사를 요구할 권리 등) 그렇지 않은 것도 많다. 일상생활에서 우리는 합의되지 않은 도덕적 권리를 둘러싼 갈등을 자주 목격한다.

이제 다시 이 장의 본래 주제로 돌아가보자. 비인간은 권리의 주체가 될 수 있는가? 예컨대 동물을 비인간으로 규정하면서도, 동물에게 고통받지 않을 권리를 부여할 수 있는가? 방금 언급했듯, 이런 권리는 이익 이론에 의해서만 개념화될 수 있다는 걸 기억하자. 물론 "이익"이 무엇인지는 별도로 다뤄져야 하겠지만, 적어도 고통받지 않음을 동물의 이익으로 간주하는 것은 별 어려움이 없다. 반면, 의지 이론에 따라 동물의 권리를 정의하기는 어렵다. 동물이 고통받지 않음에 대한 자기 의지를 형성하고, 자신의 권리에 대해 합리적 판단을 하고, 이러한 의지를 언어적 형식을 통해 타인에게 요구할 수는 없기 때문이다. 물론 동물도 "의지"를 가진다고 말할 수는 있겠지만, 이것은 인간의 의지와는 분명히 다른 것이다. 또한 동물의 권리를 말할 때, 이것이 법적 권리인지 도덕적 권리인지도 구별해야 한다. 일단 동물의 고통받지 않을 권리를 도덕적 권리로서 주장하는 것은 충분히 가능하다. 누군가의 도덕의식에 호소할 수만 있으면 되기 때문이다. 요컨대 **이익 이론에 근거한 도덕적 권리로서의 동물권을 개념화하는 작업은 그리 어려운 일이 아니다.**

문제는 이런 식으로 구성할 수 있는 도덕 담론이 다양하다는 사실이다. 예컨대 인간과 함께 거주하는 동물의 권리만 인정하는 경우, 고통을 느낄 수 있는 동물에게만 권리를 부여하는 경우 혹은 모든 동물을 권리 주체로 인정하는 경우 등을 상상해볼 수 있다. 고통받지 않을 권리, 죽임당하지 않을 권리, 생존을 위한 보호를 받을 권리 등, 구체적으로 어떤 권리를 부여할지도 여러 방식으로 선택할 수 있다. 동물의 권리를 인간의 권리 및 의무 체계와 접합시키는 방식도 여러 가지다. 동물의 고통받지 않을 권리를 규정하더라도, 이것을 동물에게 고통을 가하면 안 될 인간의 의무와 연결할 것인지 아닌지는 또 다른 문제다. 다른 한편, 동물의 권리를 완전히 부정하는 도덕 체계를 구성하는 것도 가능하다. 예컨대 동물을 학대하는 행위는 금지되어야 하지만, 이것은 동물의 권리가 아니라 고통스러운 광경을 목격하지 않을 인간의 권리를 위해서라고 주장할 수도 있다. 동물은 인간의 이익을 위해 활용되는 사물이라는 전제 위에서 동물에 관한 도덕 체계를 구축하는 것도 가능하다. 이런 체계를 따르는 사람은 공장식 축산 산업을 더 성장시켜 인간에게 경제적 이윤을 주는 게 도덕적 행위라고 생각할 것이다. 말하자면 **동물의 권리를 도덕적 권리에 한정하는 경우, 누구나 무엇이든 주장할 수 있다.** 이러한 다양한 도덕 담론이 충돌하는 영역은 도덕이 아니라 정치다. 동물권에 관한 자신의 믿음을 사회의 지배적 질서로 만들고 싶은 사람이 있다면, 정치적 경쟁의 장에 뛰어들어야 한다.

특정한 도덕 담론을 지배적인 것으로 만들기 위해서는, 즉 도덕적 헤게모니로 전환하려면, 그것이 공동체 전체의 이익이 된다는 보편적 합의를 얻어야 한다. 인간의 권리를 둘러싼 논쟁의 경우, 예컨대 인간은 동성결혼을 할 권리가 있느냐 없느냐를 다룰 때는 헌법이 전제하는 민주주의의 원리에 기초하면 된다. 이러한 원리를 아예 부정하지 않는 이상, 동성결혼이 자유와 평등이라는 공동체 전체의 이익에 부합한다는 주장은 일반적 합의에 접근할 것이고, 그것을 반대할 근거는 계속 약화할 것이다. 반면, 비인간의 권리에 관해 토론하는 경우, 서로 다른 도덕 담론들을 조정할 공통의 규범이 마땅히 없다. 앞 장에서 설명했듯, 근대 민주주의는 인간과 비인간의 구별에 기초하고, 비인간은 법과 정치의 영역 외부에 놓여있기 때문이다. 동물의 권리에 관한 서로 다른 담론들 사이에서 어떤 것이 공동체의 이익에 더 부합하는지 판단해줄 분명한 기준이 존재하지 않는다는 말이다. 그래서 비인간에 관한 공동체의 규범을 구축하는 일은 극히 어렵다. 동물권에 대한 논쟁이 늘 평행선을 그리는 이유도 바로 여기에 있다. 결국 누구든지 동물권에 관한 자신의 규범을 주장할 수는 있겠지만, 생각이 다른 타인을 설득할 방법은 많지 않다.

그런데 우리가 이 책에서 다루고 있는 것은 도덕적 권리가 아니라 법적 권리다. 동물의 권리를 도덕적 권리가 아니라 법적 권리로 보면, 전혀 다른 문제들이 제기된다. 동물을 권리의 주체로 인정하도록 헌법을 수정하는 것이 가능한가? 고통받지 않을 동물의 권리를 인정하는 법체계를 새롭게 만들 수 있을까? 동물권을 인정하는 특정 도덕 담론을 법체계에 포함하는 것은 그 담론이 보편적 합의를 얻은 지배적 질서가 되었을 때만 가능하다. 즉 다수의 시민이 동의해서 의회가 법을 만들어야 한다는 말이다. 방금 말했듯 이렇게 되기는 매우 어려운데, 여기서 그 어려움을 고려하지는 않겠다. 동물을 권리의 주체로 인정한 법체계를 구성하는 것이 이론적으로 가능한지만 생각해보자.

동물을 법적 인간으로 인정하는 것이 절대적으로 불가능한 일이 아닌 것과 마찬가지로, 동물을 비인간으로 규정하면서 법적 권리를 부여하는 것도 절대적으로 불가능하지는 않다. 이번에도 문제는 정합적이고 일관성 있는 법체계를 구성할 수 있느냐는 것이다. 근대 민주주의의 법질서는 권리의 주체가 갖춰야 할 몇 가지 조건을 전제한다. 무엇보다 권리의 주체는 앞 장에서 설명한 **자율적 인간**이어야 한다. 그는 자신의 지성을 이용해 자율적 판단을 하는 존재이며, 그런 판단에 따라 행위하므로 자기 행위에 대해 책임을 지는 법적 주체가 된다. 법을 위반하면 처벌받는다는 것은 자율적 인간에게만 유효한 원칙이다. 자율적으로 행동할 수 없는 존재에게 법적·도덕적 책임을 묻기는 힘들다. 동물은 자율성을 가진 권리의 주체가 아니다. 동물에게 권리를 부여하더라도, 행위에 대한 법적 책임을 물을 수는 없다. 반려동물이 인간에게 피해를 입혔을 경우, 그 법적 책임을 지는 것은 그 동물의 소유자인 인간이다. 주인 없는 동물의 경우에는 그 누구도 법적 책임을 지지 않는다. 또한 동물 혼자서는 자기 권리에 대한 어떤 주장도 할 수 없다. 항상 다른 인간을 통해서만 자신의 고통과 심리 상태를 언어로 표현할 수 있고, 무엇이 동물 자신의 이익인지 판단하는 것도 인간이다. (물론 권리 주장과 언어적 의사소통이 가능한 동물이 있을 수도 있다. 그렇다면 그 동물을 법적 인간으로 인정하고, 동물의 권리가 아니라 인간의 권리를 부여하면 된다.) 동물은 일종의 영속적 피후견 상태에 놓여 있는 것이다.

다른 성격의 문제들, 예컨대 권리 사이의 관계도 고려해야 한다. 법적 권리를 가진 사람이라면 누구나 생명권의 주체가 된다. 법이 어떤 권리를 보호하려면, 권리 주체의 생명권을 먼저 보호해야 하기 때문이다. 그렇다면 동물에게 고통받지 않을 법적 권리를 부여하는 경우, 동물의 생명권도 인정해야 하지 않을까? 동물에게 고통을 가하는 것은 금지하지만, 죽이는 것을 허용한다면 권리 사이의 일관성이 훼손된다. 결국 동물에게 어떤 권리라도 부여한다면, 동물 살해를 금지해야만 한다. 혹은 죽일 수는 있어도, 고통을 주는 것은 금지되는 다소 이상한 권리 체계를 만들어야 할 것이다.

이런 문제들을 고려하다보면, 동물의 권리는 인간의 권리와 전혀 다른 것이어야 함을 알게 된다. 동물의 권리는 자기 행위에 책임을 지지 않는 존재의 권리, 권리 주장을 할 수 없는 존재의 권리다. 또한 동물에게 부여된 권리들 사이의 관계도 인간의 경우와는 다른 방식으로 조직되어야 한다. 인간은 자신이 놓여 있는 사회적 지위에 따라 다양한 권리를 보유하게 된다. 예컨대 사용자의 권리와 노동자의 권리, 판매자의 권리와 구매자의 권리, 건물주의 권리와 세입자의 권리 등 사회적 지위에서 파생된 권리들은 시간과 장소에 따라 계속 변한다. 하지만 이런 권리들에 앞서 모든 인간은 인간이라는 지위에 결부된 기본적 권리들, 즉 인권을 보장받는다. 사회적 지위에서 파생된 권리들과 인권은 거대한 체계를 이룬다. 이게 곧 법의 체계이기도 하다. 이 체계에서 몇몇 권리만 빼내어 동물에게 보장하는 것은 불가능하다. 예컨대 학대당하지 않을 인간의 권리를 동물에게 보장한다고 해도, 그것은 전혀 다른 권리가 될 것이다. 같은 것은 "학대당하지 않을 권리"라는 말뿐이다. 그러므로 법체계가 동물의 권리를 인정하려면, 인간과 비인간 사이에 동물이라는 새로운 법적 지위를 추가해야 한다는 결론에 이르게 된다. 비인간이 권리의 주체가 될 수 있느냐는 물음은 특정한 종류의 비인간을 새로운 법적 지위로 추가할 수 있느냐는 물음으로 전환된다.

앞 장에서 말한 근대 민주주의의 두 가지 원리로 돌아가면, 민주주의는 ① 인간과 비인간을 구별하고, ② 인간에게는 인간의 권리를 평등하게 보장한다. 법적 인간이란 이러한 권리의 주체이고, 비인간은 권리의 주체가 될 수 없는 존재로 간주된다. 이러한 원리를 유지하면서 동물도 권리의 주체라고 주장하려면, 동물을 인간 범주에 포괄하는 수밖에 없다. 동물-인간이 우리 인간과 평등한 권리의 주체로 인정되는 법체계의 모습은 앞 장에서 이미 묘사한 바 있다. 이 경우 동물의 권리는 성립 불가능한 개념이 될 것이다. 동물과 인간이 평등하다면, 동물의 권리는 곧 인간의 권리일 것이므로, 그것을 굳이 "동물의 권리"라고 부를 필요가 없기 때문이다. 반면 동물을 비인간의 범주 안에 놔두면서 권리의 주체로 인정하려면, 민주주의의 두 가지 원리를 포기해야만 한다. 인간과 비인간 사이에 제3의 법적 지위가 추가되면, 예컨대 동물이 인간과 구별되는 독자적 지위로 인정받는다면, 인간과 비인간의 이원론적 체제는 무너질 것이다.

이와 함께 인간의 보편적 권리라는 원리도 존립 근거를 상실하게 된다. 앞 장에서 말했듯, 민주주의의 두 가지 원리는 상호의존적이기 때문이다. 그 이유를 찬찬히 생각해보자. 동물이 권리를 보유할 수 있는 법적 지위로 인정되는 순간, 우월한 권리 주체인 인간과 열등한 권리 주체인 동물이 분리된다. 이는 동물을 **하위 인간**의 위치에 집어넣는 것과 다름없다. 즉 동물이라는 새로운 법적 지위를 만드는 것은 곧 하위 인간이라는 지위를 인간과 비인간 사이에 추가하는 것이다. 여기서 우월과 열등이라고 표현한 것은 인간과 동물의 존재론적 위계 구조는 변함이 없기 때문이다. 동물은 인간보다 낮은 수준의 권리를 부여받을 것이고, 그 권리를 주장할 수 있는 것은 동물 자신이 아니라 보호자 인간일 것이다.

주목해야 할 점은 제3의 법적 지위가 제4, 제5의

지위도 가능케 한다는 사실이다. 권리의 주체를 우월한 수준과 열등한 수준으로 분리할 수 있다면, 단지 인간과 동물을 구별하는 것뿐만 아니라, 기존의 인간을 우월한 집단과 열등한 집단으로 나누는 것도 가능해진다. 모든 인간은 인간의 권리를 평등하게 보장받는다는 원리가 중단되고, 인간을 등급으로 나누어 서로 다른 권리를 부여할 수 있게 된다는 말이다. 예컨대 갓 태어난 영아, 의식 능력을 영구히 상실한 인간, 정신장애인 등의 권리를 어떻게 규정할 것인지는 윤리학의 고전적인 난제인데, 이들을 인간과 구별되는 별도의 법적 지위로 간주하는 것이 가능해진다. 이 경우, 그들은 인간의 권리를 제한적으로 보장받는 것이 아니라, 상위 인간의 권리와 구별되는 하위 인간의 권리 체계에 속하게될 것이다.

이쯤 되면 한 가지 의문이 떠오른다. 민주주의의 기본 원리를 수정하면서까지 동물을 법적 권리의 주체로 인정해야 하는 이유가 있을까? 만일 동물을 학대와 고통에서 보호하고자 한다면, 굳이 동물의 권리를 인정할 필요 없이 인간에게 관련 의무를 부과해도 되지 않을까? 문화유산이 권리의 주체는 아니지만, 그것을 파괴하면 안 될 의무를 법적으로 규정할 수 있는 것과 마찬가지다. 또한 동물의 권리를 말하지 않아도, 동물과 생명 없는 사물을 구분하고, 동물 생명의 가치를 법적으로 보호할 방법을 모색할 수 있다. 로 대 웨이드 판결이 태아를 생명권의 주체로 인정하지는 않았지만, 태아의 생명은 국가가 보호해야 할 중요한 이익이라고 밝힌 것과 같은 논리다(물론 국가가 동물의 생명을 보호해야 한다는 주장은 태아의 경우와 전혀 다른 방식으로 정당화되어야 할 것이다). 그럼에도 불구하고 동물의 권리를 법적으로 규정해야 할 강력한 이유가 있다면, 지금까지 설명한 바에 따라 두 가지 방법 중 하나를 택하면 된다. 동물을 우리와 동등한 인간으로 인정하거나, 권리의 주체가 될 수 있는 비인간으로 간주하는 것이다. 어떤 경우든 정합적이고 일관성 있는 법체계를 구축하려면 숱한 난제를 해결해야 한다는 점만은 변함이 없다.

그중 핵심적인 것 몇 개만 언급하자. 첫째, 동물이라는 범주의 정확한 정의가 필요하다. 인간과 같은 생활 공간에 속한 동물인지, 고통을 느낄 수 있는 동물 종인지, 혹은 모든 종류의 동물인지 결정해야 한다. 이에 따라 동물의 이익이 다르게 정의될 것이고, 이익 개념과 함께 권리 개념의 정의도 달라질 것이다. 둘째, 동물을 인간으로 인정하고자 한다면, 우리 인간의 지성과 언어를 갖지 못한 존재가 어떻게 우리와 동등한 법적 지위에 놓일 수 있는지 설명해야 한다. 셋째, 동물에게 권리를 지닌 비인간이라는 법적 지위를 부여한다면, 지금의 민주주의와 전혀 다른 정치체제와 법질서를 구상해야 할 것이다. 최근에 동물권을 주장하는 사람은 많지만, 이런 문제들에 답하는 경우는 별로 없다. 동물의 권리를 말할 때, "권리"가 우리 인간의 권리와 같은 것인지 다른 것인지도 불분명하다. 자신이 주장하는 동물의 권리가 법적 권리인지 도덕적 권리인지 분명히 밝히는 경우도 많지 않다. 동물의 이익이나 인간의 의무라는 개념으로도 충분히 목표하는 바를 표현할 수 있는데, 굳이 동물권을 이야기하는 사람도 있다. 결국, 동물권도 정확한 의미를 알 수 없는 정치언어로 소비되어 간다.

7. 태아는 생명권의 주체가 될 수 있는가?

우리는 앞 장에서 두 가지 질문을 구별했다. 첫째, 동물이나 태아 같은 비인간을 인간으로 인정하는 법체계를 구축할 수 있는가? 둘째, 비인간을 인간 범주에 포괄하지 않고서도, 권리의 주체로 인정하는 법체계를 구축할 수 있는가? 어쩌면 이 두 질문을 구별하는 게 무의미할지도 모르겠다. 우리가 살아가는 세상에서 인간이 아니면서 법적 권리의 주체인 경우를 찾기는 몹시 어렵기 때문이다. 즉 인간이라면 권리의 주체이고, 권리의 주체라면 인간이다. 이는 근대 민주주의가 전제하는 두 가지 기본 원리의 중요한 함축이기도 하다. 그렇지만 굳이 저 두 가지 질문을 분리한 것은 일종의 사고 실험을 위해서다. 낙태죄 헌법불합치의견은 태아가 인간은 아니지만, 생명권의 주체가 된다고 판단했다. 이 판단은 그냥 개념적 몰이해나 논리적 모순이라고 보는 편이 타당할 것이다. 판단에 필요한 최소한의 논증도 하지 않았기 때문이다. 하지만 누군가는 헌법재판소의 결정과 상관없이 "태아가 법적 인간이 아니라고 해도, 생

명권의 주체는 될 수 있지 않을까?"라는 이론적 의문을
가질지도 모른다. 이 질문은 진지하게 고려할 가치가
있다. 앞 장에서 우리는 비인간도 법적 권리의 주체가
될 수 있는지 검토하기 위해 동물의 권리를 사례로 삼
아 사고 실험을 진행했다. 이 실험의 결론을 태아에게
도 적용할 수 있는데, 다만 태아의 권리 일반이 아니라
생명권으로 주제를 좁히면 더 간단한 방식으로 비슷한
결론에 이르게 된다. 일단 생명권이란 무엇인가에 대해
간략히 살펴보자.

생명에 대한 권리right to life의 핵심은 부정적 방식으
로 정의된다. 즉 생명권의 일차적 정의는 **죽임당하지
않을 권리**다.[20] 이런 부정적 정의를 더 철저히 밀고 나
가면, 타인에게 부과된 **살인하면 안 될 의무**의 단순한
대응물이 나의 생명권이라고 이해할 수도 있다. 물론
오늘날의 생명권은 이렇게 부정적인 방식으로만 정의
되지는 않는다. 생명이 위험에 처했을 때 타인에게 구
조를 요청할 권리, 생명을 위협하는 요소를 제거할 권
리, 생명을 위협하는 상황을 회피할 권리 등, 생명 보호
를 위한 여러 권리를 생명권에 포함할 수 있다. 또한 사
회권적인 관점에서 개별 인간이 생명 보호에 필요한 조
치를 국가에 요구할 권리도 생명권으로 고려할 수 있
다. 이런 의미에서 생명권 개념은 어떤 단일한 권리가
아니라, 인간의 생명 보호에 관련한 권리들의 집합을

지시한다.

생명권을 구성하는 요소가 다양하다면, 국가가 인간의 생명을 보호하는 방식도 단일할 수 없다. 대규모 전염병 재난 상황에서 국가는 어린이, 성인, 노인 중 누구에게 먼저 의료 서비스를 제공할 것인가? 혹은 대규모 기아 사태가 발생했을 때, 건강한 사람과 아픈 사람 중 누구에게 먼저 식량을 공급할 것인가? 모든 인간은 평등한 생명권의 주체이지만, 생명 보호를 위한 조치는 상황에 따라 차등적으로 이뤄질 수 있다. 다른 한편, 정당한 이유가 있다면 생명권을 제한하는 것도 가능하다. 국가는 의도적으로 인간의 생명을 전쟁이나 재난 같은 위험 상황에 빠뜨리기도 한다. 인간의 이익이나 권리를 보호하기 위해, 생명권을 구성하는 몇몇 권리를 의도적으로 박탈할 수 있다는 말이다.[21]

하지만 어떤 경우에도 죽임당하지 않을 권리라는 핵심 요소를 제한할 수는 없다. 극심한 기아 상황에서 노인 대신 어린이에게 식량을 먼저 공급해서 노인의 죽음을 초래했다고 해도, 필요한 조건을 만족했다면 이 판단은 정당화될 수 있을 것이다. 하지만 식량 수요를 줄이기 위해 노인을 직접 살해했다면, 이는 논쟁의 여지없는 범죄 행위다. 요컨대 아주 예외적인 경우(예컨대 타인의 생명을 직접적으로 위협하고 있는 범죄자를 죽일 수 있는 경우)를 제외하고는 죽임당하지 않을 권리라는 생명권의 핵심 요소를 정당하게 제한할 방법은 없다. 우리는 생명권을 구성하는 다양한 권리 중에 이 핵심 요소에만 집중할 것이다. 어쨌든 죽임당하지 않을 권리를 포함하지 않는 생명권이란 성립 불가능하고, 임신중단과 태아의 생명권에서 문제가 되는 것도 생명권의 이러한 일차적 정의이기 때문이다.

생명권은 다른 권리들과의 관계 속에서 이해되어야 한다. 흔히 생명권은 인간의 모든 권리가 전제하는 가장 기본적인 권리로 이해된다. 헌법재판소 판례도 생명권을 여러 차례 "기본권 중의 기본권"이라고 표현한다.[22] 물론 다른 권리들이 생명권을 개념적으로 전제하는 것은 아니다. 예컨대 소유권 개념을 정의할 때, 생명권을 먼저 정의해야 할 필요는 없다는 말이다. 하지만 누군가가 법적 소유권의 주체로 인정되는 데 죽임당하지 않을 권리가 보장되지 않는다면, 상당히 부조리한 상황이 될 것이다. 법이 개별 인간의 권리나 이익을 보호하기에 앞서 그의 생명을 보호하기 위한 권리와 의무를 규정하는 것은 필수적이다.

지금까지의 논의를 종합하면, 태아의 법적 지위와 생명권에 관해 세 가지 이론적 선택지가 가능하다는 것을 알 수 있다. ① 생명권의 주체인 법적 인간, ② 생명권이 없는 비인간, ③ 생명권의 주체인 비인간. 이 세 가지는 한국의 법에만 해당하는 것이 아니라, 법체계

일반이 택할 수 있는 이론적 경우들이다. 그런데 가만히 생각해보면, 세 번째 선택지는 사실상 별 의미가 없다는 것을 깨닫게 된다. 태아를 비인간으로 규정하되, 생명권을 부여하는 방식은 결국 개념적 오류에 빠지거나, 현실적 효용성을 상실하게 될 것이기 때문이다. 일단 세 번째 선택지가 말하는 태아의 생명권이 법적 인간의 생명권과 같은 것인지 아닌지 검토해보자.

비인간 태아의 생명권이 법적 인간의 생명권과 같은 것이라면, 태아를 굳이 비인간으로 분류할 필요가 없다. 태아도 우리처럼 죽임당하지 않을 권리를 가지고 있다면, 그냥 태아를 법적 인간으로 인정하면 된다. 태아를 법적 권리의 주체로 인정하고, 인간의 가장 기본적 권리까지 부여했는데, 굳이 비인간으로 분류할 이유가 무엇인가? 이 경우, 방금 말한 세 번째 선택지는 첫 번째로 환원될 것이다. 그러므로 태아를 비인간 권리 주체로 분류하려면, 인간과 구별되는 태아라는 별도의 법적 지위를 추가하고, 태아의 생명권을 법적 인간의 생명권과 다른 것으로 정의해야만 한다. 앞 장에서 학대당하지 않을 동물의 권리와 학대당하지 않을 인간의 권리는 말만 같을 뿐 전혀 다른 권리가 된다고 했는데, 비인간 태아의 생명권도 마찬가지다. 이렇게 되면, 그것을 "태아의 생명권"이라고 불러서는 안 된다. 법적 인간의 생명권과 다른 것을 생명권이라 부르면 온갖 개넘적 오류가 발생하기 때문이다. 그 대표적인 사례가 바로 모자보건법에 대한 헌법재판소의 태도다.

1973년에 제정된 모자보건법은 다음 경우의 임신 중단을 제한적으로 허용한다. 임신한 여성이나 배우자 가 ① "우생학적 또는 유전학적 정신장애나 신체질환 이 있는 경우", 혹은 ② "전염성 질환이 있는 경우", ③ "강간 또는 준강간에 의하여 임신된 경우", ④ "법률상 혼인할 수 없는 혈족 또는 인척 간에 임신된 경우", ⑤ "임신의 지속이 보건의학적 이유로 모체의 건강을 심 각하게 해치고 있거나 해칠 우려가 있는 경우".

모자보건법의 존재는 임신중단 논쟁에 매우 중요 한 사실을 시사한다. 임신중단은 이미 오랫동안 제한 적으로 혹은 예외적으로 허용되어왔다는 것이다. 그 런데 모자보건법에 근거한 임신중단이 태아의 생명권 을 침해한다고 주장한 경우는 거의 없었다. 2019년 낙 태죄 위헌 결정에서 헌법불합치의견과 단순위헌의견 이 지적한 모자보건법의 문제는 임신중단을 너무 예외 적으로만 허용해서, 여성의 자기결정권을 과도하게 제 한한다는 점에 있다. 합헌의견은 더 나아가 모자보건법 의 기능을 긍정적으로 평가한다. 예외적 임신중단을 허 용함으로써 "자기낙태죄 조항이 여성의 인간의 존엄과 가치, 생명권 등을 중대하게 침해하지 않도록 배려하 고 있다"는 것이다. 이런 태도는 2012년 헌법재판소의 낙태죄 합헌 결정에 이미 나타나 있다(헌법재판소 2012. 8. 23. 선고 2010헌바402 전원재판부 결정). 태아는 생명권의 주체이므로 낙태는 불법이지만, 예외적 임신중단을 허용한 모자보건법 덕분에 여성의 자기결정권이 과도하게 침해되지는 않는다는 것이다. 하지만 만일 태아가 생명권의 주체이고, 이것이 법적 인간의 생명권과 동일하다면, 어떻게 예외적 임신중단을 허용할 수 있는가? 장애나 질병이 있다고 해서 혹은 강간이나 근친상간으로 태어났다고 해서 생명권을 가진 법적 인간을 죽일 수 있는가? (태아의 생명권을 법적 인간의 생명권과 동일하게 정의하려면, 어떤 조건을 만족시켜야 하는지 5장에서 이미 이야기했다.)

태아의 생명권과 모자보건법을 동시에 긍정하려면, 태아의 생명권을 법적 인간의 생명권과 다르게 정의해야 하며, 그것을 태아의 생명권이라 부르지 말아야 한다. 그런 생명권은 사실상 **예외적 살인을 허용하는 생명권**이나 다름없는데, 애초에 이런 걸 생명권이라 부를 수 없기 때문이다. 생명권 개념의 모호성은 한국 법에서만 발생하는 문제가 아니다. 임신중단은 범죄이지만 예외적 임신중단은 허용할 수 있다는 모든 법적 담론에서 같은 문제가 나타난다. 드워킨도 미국의 보수주의자들에게 비슷한 비판을 제기한 바 있다. 미국에도 임신중단 비범죄화를 반대하는 사람이 많지만, 이들 중 상당수가 모체의 생명을 구하기 위한 경우 혹은 강간 및 근친상간으로 임신한 경우에는 임신중단을 예외적으로 허용해야 한다고 믿는다.[23] 이런 믿음은 태아가 생명권의 주체라는 믿음과 양립할 수 없다. 요컨대 세상에는 태아의 생명권을 근거로 임신중단 범죄화를 주장하는 사람이 많지만, 그것이 정말로 법적 인간의 생명권과 동일한 경우는 거의 없다.

결국, **태아를 비인간으로 규정하면서 생명권의 주체로 인정하는 것은 타당한 선택지가 아니다.** 태아의 생명권을 법적 인간의 생명권과 같은 것으로 이해한다면 태아를 그냥 인간으로 인정하는 편이 낫고, 다른 것으로 이해한다면 애초에 태아의 생명권이라는 개념 자체를 사용하지 말아야 한다. 남는 것은 첫 번째와 두 번째 선택지, 즉 태아를 생명권을 지닌 법적 인간으로 보거나, 생명권이 없는 비인간으로 보는 것뿐이다. 이런 식으로 가능한 선택지를 분석하는 것은 추상적이고 논리적인 작업이지만, 현실적 효용성과도 결코 무관하지 않다. 논리적으로 성립하기 어려운 주장은 현실에 적용하기도 어렵다. 헌법불합치의견처럼 태아가 인간은 아니지만 생명권의 주체가 된다고 말해봐야, 주장의 논리적·개념적 일관성이 불완전하므로 실질적 영향력을 발휘하기 어렵다. 태아의 생명권은 법적 개념이 아니라, 일종의 정치적 수사처럼 떠돌게 된다.

8. 생명과 생명권의 혼동:
태아는 생명권의 주체이기도, 아니기도 하다

지금까지 낙태죄 헌법불합치의견을 비판하기 위해 비인간 태아도 생명권의 주체가 될 수 있는지 질문했다. 하지만 그 의견을 낸 재판관들이 이런 질문을 실제로 고심했을지는 알 수 없다. 태아가 인간인지 비인간인지에 대해 명시적으로 판단하지도 않았을뿐더러, 태아의 생명권 개념에 대해 타당한 논증을 하지도 않았기 때문이다. 우리는 그들이 해야 했지만 하지 않은 분석 작업을 대신 수행하면서, 비인간 태아의 생명권은 성립하기 어렵다는 것을 살펴보았다. 헌법불합치의견의 가장 심각한 오류는 논증 작업 자체를 제대로 하지 않았다는데 있다. 그럼 그 의견은 태아의 생명권과 임신중단에 대한 권리를 동시에 인정할 때 발생하는 난제들을 어떻게 해결할까? 그 비밀은 생명과 생명권 개념의 모호한 사용에 숨겨져 있다. 헌법재판소 결정문을 꼼꼼히 읽어보면, 결정적 순간마다 생명과 생명권을 의식적으로 혹은 무의식적으로 혼동한다는 것을 발견하게 된다.

　3장에서 인용했던 헌법불합치 결정문을 다시 한

번 살펴보자. 국가가 일정 기간 내의 임신중단을 허용할 수 있다고 밝힌 이유는 다음과 같다.

국가에게 태아의 생명을 보호할 의무가 있다고 하더라도 생명의 연속적 발전 과정에 대하여 생명이라는 공통요소만을 이유로 하여 언제나 동일한 법적 효과를 부여하여야 하는 것은 아니다. 동일한 생명이라 할지라도 법질서가 생명의 발전 과정을 일정한 단계들로 구분하고 그 각 단계에 상이한 법적 효과를 부여하는 것이 불가능하지 않다. (…) 따라서 국가가 생명을 보호하는 입법적 조치를 취함에 있어 인간 생명의 발달 단계에 따라 그 보호 정도나 보호 수단을 달리하는 것은 불가능하지 않다.

여기서 "국가에게 태아의 생명을 보호할 의무가 있다"라고 말한 근거는 다음과 같다.

모든 인간은 헌법상 생명권의 주체가 되며, 형성 중의 생명인 태아에게도 생명에 대한 권리가 인정되어야 한다. 태아가 비록 그 생명의 유지를 위하여 모母에게 의존해야 하지만, 그 자체로 모와 별개의 생명체이고, 특별한 사정이 없는 한, 인간으로 성장할 가능성이 크기 때문이다. 따라서 태아

도 헌법상 생명권의 주체가 되며, 국가는 헌법 제
10조 제2문에 따라 태아의 생명을 보호할 의무가
있다.

요컨대 태아는 생명권의 주체이므로 국가는 태아
의 생명을 보호해야 하지만, 태아 생명의 발전 단계에
따라 "보호 정도나 보호 수단을 달리"할 수 있다는 것이
다. 물론 이런 다양한 보호 정도에는 임신중단 허용도
포함되며, 이는 생명권의 박탈도 가능하다는 말이다.
그런데 **생명**을 보호하는 정도나 수단이 다양할 수 있
다는 말이 **생명권**을 보호하는 정도나 수단도 다양할 수
있다는 것을 함축하는가? 앞 장에서 말했듯, 국가가 생
명권을 보호하는 방식은 다양하고, 경우에 따라서는 제
한할 수도 있다. 하지만 무고한 인간의 **죽임당하지 않
을 권리**를 직접적으로 침해하는 행위, 즉 살해는 절대
금지된다. 태아가 생명권의 주체라면, 어떤 경우에도
임신중단을 허용할 수 없다는 말이다. 헌법불합치의견
은 태아가 생명권의 주체라고 밝힌 후, 은근슬쩍 생명
권이 아니라 생명에 관한 이야기를 하고, 태아 생명의
발전단계에 따라 생명권을 박탈하는 것도 가능하다는
이해하기 힘든 결론을 낸다.
　　애초에 태아가 생명권의 주체라는 헌법불합치의
견의 판단 자체도 생명과 생명권의 혼동에서 비롯된 것

이다. 태아가 살아 있다는 사실에서 생명권의 주체임이 곧바로 도출되지는 않는다. 생명은 생명권의 주체가 갖추어야 할 여러 조건 중 하나일 뿐이다. 태아를 생명권의 주체로 보려면 법적 인간으로 인정하거나, 태아가 인간은 아니지만 권리 주체가 될 수 있다는 근거를 제시해야 한다. 헌법불합치의견은 태아가 "특별한 사정이 없는 한, 인간으로 성장할 가능성이 크다"는 것을 근거로 제시하지만, 이는 너무 불충분하다. 태아는 앞으로 생명권의 주체가 될 가능성이 높으니, 그냥 지금부터 생명권의 주체로 보자는 말과 무엇이 다른가? 이런 식의 논리라면, 만일 "특별한 사정"이 이미 발견된 경우, 예컨대 질병이나 기타 요인으로 인해 건강하게 태어날 확률이 상대적으로 낮은 태아의 경우, 생명권의 주체로 보지 말아야 할 것이다. 또한 인간으로 성장할 가능성이 커서 인간의 권리를 부여할 수 있다면, 생명권뿐 아니라 인간의 다른 권리도 태아에게 부여할 수 있지 않을까? 그럼 굳이 태아와 인간을 구별할 필요가 있는가? 차라리 태아도 법적 인간이라고 하는 편이 나을 것이다.

　　정확히 말하자면, "성장"하는 것은 태아의 생명권이 아니라 생명이다. **태아의 생명이 인간으로 성장하는 과정에서 특정한 시점이 되면, 생명권은 갑자기 부여된다.** 현행 민법과 형법은 각각 출생과 진통의 시작을 그러한 기준 시점으로 규정한다. 태아의 생명과 생명권은 전혀 다른 문제틀에 속하고, 태아의 생명권을 정당화하려면 우리가 앞서 다룬 권리 주체와 권리 개념의 문제를 피해 갈 수 없다. 헌법불합치의견은 태아의 생명과 생명권 사이에 놓여 있는 거대한 문제 영역을 간단히 생략해버린다.

낙태죄 합헌의견도 생명과 생명권의 혼동에 의존한다. 합헌의견을 낸 두 명의 재판관은 임신중단에 대한 권리 자체를 인정하지 않는다. 태아는 "존엄한 인간 존재의 근원"이자 생명권의 주체이므로 "태아를 적극적으로 죽일 권리"가 여성의 자기결정권에 포함될 수는 없다는 것이다. 태아가 생명권의 주체임을 밝히는 부분을 읽어보자.

태아가 모체에서 점점 성장하여 인간의 모습에 가까워진 후 출산을 통하여 인간이 된다는 점을 고려하면, 태아와 출생한 사람은 생명의 일련의 연속적인 발달 과정 아래 놓여 있다고 볼 수 있으므로, 인간의 존엄성의 정도나 생명 보호의 필요성과 관련하여 태아와 출생한 사람 사이에 근본적인 차이가 있다고 보기 어렵다. 문제는 생명이 어느 시기부터 존엄한 존재로서 헌법적 보호를 받아야 하는지에 관한 것인데, 비록 의학과 철학 그리고 신학의 각 전문가들이 합치된 의견에 도달하는 것이 불가능하다는 점을 고려하더라도, 출생 전의 생성 중인 생명을 헌법상 생명권의 보호대상에서 제외한다면 생명권의 보호는 불완전한 것에 그치고 말 것이므로 태아 역시 헌법상 생명권의 주체가 된다고 보아야 한다.

이 인용문에서 강조하는 태아 생명의 존엄성은 태아와 인간의 연속성에서 나온다. "태아는 다른 누구로 대체될 수 없는 유일무이한 인격체로 발전할 수 있는 자연적인 성장의 잠재력"을 갖췄다고 보기 때문이다. 엄밀히 말하면, 연속성과 잠재성을 어떻게 이해할지부터 문제다.[24] 태아를 그냥 인간이 아니라, 인간으로 발전할 잠재력을 갖춘 생명이라고 부르는 것은 현실적 인간과 잠재적 인간의 구분을 전제한다. 즉 태아는 연속적으로 성장해 인간이 될 수 있지만, 어쨌든 인간은 아니라는 말이다. 그런데 태아가 앞으로 인간으로 성장할 가능성이 크다고 해서, 비인간 태아의 생명이 인간의 생명과 동일한 존엄성을 가질 수 있는가? 물론 이 질문에 그렇다고 대답하는 것도 가능하겠지만, 거기서 태아가 생명권의 주체라는 결론이 나오지는 않는다. 태아 생명의 가치를 어떻게 평가할 것인지와 태아가 생명권의 주체인지는 전혀 다른 문제이기 때문이다.

합헌의견은 태아 생명의 존엄성에서 태아의 생명권을 도출하기 위해 보호의 필요성을 말한다. 즉 태아의 생명을 보호하기 위해, 태아는 생명권의 주체여야만 한다는 것이다. 하지만 태아의 생명을 보호하기 위해 태아를 반드시 생명권의 주체로 인정할 필요는 없다. 로 대 웨이드 판결처럼 태아의 생명권은 부정하되, 태아의 생명은 국가가 보호해야 할 중요한 이익이라고 규정할 수도 있다. 태아의 생명 보호에서 태아의 생명권이 도출되려면, 태아가 법적 인간인지에 대한 검토가 필요하다. 인간이라면 당연히 생명권의 주체겠지만, 아니라면 어떻게 비인간이 생명권의 주체가 될 수 있는지 설명해야 한다. 위 인용문은 "인간의 존엄성의 정도나 생명 보호의 필요성과 관련하여 태아와 출생한 사람 사이에 근본적인 차이가 있다고 보기 어렵다"고 하면서도, 태아가 인간인지에 대해서는 끝까지 묻지도 답하지도 않는다. 이 질문의 부재는 결정적이다. 임신중단에 대한 권리를 부정할 때는 태아와 인간을 동일시하지만, 예외적 임신중단을 긍정할 때는 이 둘을 다시 떼어놓는다. 앞 장에서 언급했듯, 합헌의견은 모자보건법이 규정한 다섯 가지 경우에 한해 낙태가 정당화될 수 있다고 본다. 그런데 태아 생명의 존엄성과 인간 생명의 존엄성이 다르지 않다면, 더구나 태아가 생명권의 주체라면 어떻게 예외적 임신중단을 허용할 수 있는가?

이제 태아의 생명권을 인정한 낙태죄 헌법불합치 의견과 합헌의견의 논리적·개념적 결점을 다음과 같이 정리할 수 있다. 첫째, 태아가 법적 인간인지를 판단하지 않은 채 태아 생명의 가치로부터 태아의 생명권을 도출한다. 논증의 필수적 중간 단계가 통째로 빠져 있는 셈이다. 둘째, 태아는 생명권의 주체라는 판단과 특정 조건 아래의 임신중단은 허용될 수 있다는 판단이 동시에 존재한다. 합헌의견처럼 예외적 임신중단을 허용하든, 헌법불합치의견처럼 임신중단에 대한 권리를 여성의 자기결정권에 포함하든, 어떤 식의 임신중단이라도 허용한다면, 태아를 생명권의 주체로 인정하는 것은 불가능하다. 이 두 의견은 태아가 생명권의 주체라고 밝히는 동시에, 태아는 생명권의 주체가 아니라고 낮은 소리로 중얼거린다.

9. 자기결정권과 선별적 임신중단: 누가 임신중단의 사유를 묻는가?

한국의 법체계에서 여성은 인간이고, 태아는 비인간이다. 이는 근대 정치체제와 법질서의 일반적 경향이기도 하다. 오늘날의 민주주의가 전제하는 인간과 비인간의 존재론적 위계 구조 내에서, 비인간 태아에 대한 인간 여성의 우선성은 결코 사라지지 않는다. 이러한 우선성은 로 대 웨이드 판결의 논증 순서에서 분명한 형태로 드러난다. 임신중단에 대한 권리가 여성의 헌법적 권리라는 것을 먼저 확인한 다음, 태아 생명의 가치를 그 권리의 규제 조건으로 고려하는 것이다.

태아의 생명권이라는 발상은 법 외부의 도덕적 영역들, 예컨대 태아의 생명에 일차적 가치를 부여하는 전통적 믿음이나 종교적 신념 등에서 탄생한다. 이런 영역들에서는 태아의 생명 보호를 위해 여성의 자기결정권을 박탈하는 도덕 규범을 만들 수 있겠지만, 이런 규범을 법질서 내부로 가져올 수는 없다. 결국, **인간 여성과 비인간 태아의 법적 지위를 뒤집기 위해 일종의 꼼수를 만들어내는데, 그게 바로 태아의 생명권이**

다. 이런 꼼수의 목적은 태아의 법적 지위를 강화하는 게 아니라, 인간 여성의 지위를 떨어뜨리는 데 있다. 태아의 생명권은 대부분 임신중단에 관한 논쟁에서만 주장되고, 그 주된 기능은 여성의 자기결정권을 제한하는 것이다. 태아 생명과 관련한 다른 문제들, 예컨대 태아가 손해배상청구권을 가질 수 있는지의 문제에서 태아의 생명권이 진지하게 논의되는 경우는 아주 드물다. 임신중단 논쟁에서 태아의 생명권이 등장하는 순간, 태아의 생명을 보호해야 한다는 도덕적 믿음, 그리고 여성을 인간으로 인정하지 않으려는 가부장주의적 믿음이 뒤섞이게 된다. 태아의 생명을 보호하기 위해 가부장주의적 장치를 활용하는 것일 수도 있고, 태아의 생명 보호라는 규범 자체가 가부장주의에서 태어난 것일 수도 있지만, 어쨌든 태아의 생명권 개념과 가부장주의는 결코 분리될 수 없다.

임신중단에 대한 권리를 인정하기 위해서는 가부장주의적 도덕 규범과 싸워야 하지만, 이 싸움이 페미니즘만의 것은 아니다. 페미니즘에 대한 태도가 어떠하든 간에, 근대 민주주의의 원리를 따르고 태아를 비인간으로 규정한 현행 법질서를 인정하는 사람이라면 태아의 생명권에 대한 비합리적 태도를 배제하고, 여성의 자기결정권과 임신중단에 대한 권리를 지지할 수밖에 없기 때문이다. 그래서 임신중단을 둘러싼 현실의 논쟁에서도 페미니즘과 반페미니즘의 대립 구도보다는 흔히 계몽주의와 종교 혹은 민주주의적 규범과 비민주주의적 가치 체계의 대립 구도가 더 지배적이다.

임신중단에 대한 권리를 인정한다고 해서 모두가 가부장주의적 욕망에서 자유로운 것은 아니다. 이런 욕망은 여성의 자기결정권 개념을 왜곡하는데, 특히 국가가 임신중단의 사유를 물을 수 있다는 믿음으로 드러난다.

본격적인 논의를 하기 전에, 2019년 낙태죄 위헌 결정의 의미를 분명히 하자. 이 결정은 모자보건법이 규정한 임신중단 허용 사유를 경제적·사회적 사유까지 확장한 것이 아니다. 결정의 핵심은 임신중단에 대한 권리를 권리로서 인정했다는 점에 있다. (여기서 무엇인가를 **허용**하는 것과 그것에 대한 **권리를 보장**하는 것이 결코 같지 않음에 유의하자. 6장에서 살펴보았듯, X에 대한 권리가 있다는 것은 단순히 X를 갖거나 행할 수 있다는 것이 아니라, 권리 주체에게 X를 갖거나 행할 수 있는 자격이 부여되어 있다는 의미다.) 누군가 "과거에는 아주 예외적인 경우에만 임신중단을 할 수 있었지만, 이제는 여성 개인의 경제적·사회적 사유에 따라서도 임신중단을 할 수 있게 되었다"고 생각한다면, 헌법재판소 결정의 의미를 아주 협소하게 이해한 것이다. 문제는 제한적 허용이냐 덜 제한적 허용이냐가 아니라, 임신중단에 대한 권리가 여성의 자기결정권으로서 보장되었느냐.

헌법불합치의견에 따르면, "존엄한 인격권을 바탕으로 하여 자율적으로 자신의 생활영역을 형성해나갈 수 있는 권리"가 자기결정권에 포함된다. 단순위헌의견은 "헌법상 자기결정권의 본질은 자신이 한 행위의 의미와 결과에 대하여 스스로 판단하고 결정하는 데 있다"고 밝힌다. 표현은 다소 다르지만, 두 가지 모두 5장에서 설명한 근대 민주주의의 자율적 인간이란 관념에서 나온다. 요컨대 자기결정권이란 자율적 인간이 가진 자율성에 대한 권리라고 할 수 있다. 즉 자신의 지성을 사용해 생각하고 행위할 권리이고, 이는 자신의 자율성을 침해하면 안 될 타인의 의무에 대응한다. 그렇다면 자율적 인간이 자기결정권에 의해 보장된 행위를 할 때, 국가는 외부로 드러난 그의 행위가 아니라 그런 행위의 내적 의지와 이유에 개입할 수 있는가? 겉으로 드러난 행위가 동일하더라도, 개인의 내적 의지가 무엇인지에 따라 그 행위를 허용하거나 금지할 수 있는가? 물론 불가능하다. 나는 자기결정권을 가진 자율적 인간이므로, 나 자신에 대한 판단과 결정을 하는 과정은 나의 고유한 내적 영역에 속한다. 따라서 나는 타인이나 국가의 개입 없이 내 행위에 관한 결정을 독립적이고 자유롭게 할 권리가 있다. 내가 이러한 권리를 가진다는 사실로부터, 내 행위의 결과에 대한 법적·도덕적 책임도 나에게 있다는 원리가 나온다.

임신중단 사유에 관한 문제를 다루기 위해서는 권리, 자유, 책임, 의무에 관한 일반적 오해를 먼저 제거해야 한다. 낙태죄 합헌의견은 그런 오해의 전형을 보여주는데, "자유와 권리에 따르는 책임과 의무를 완수하게 하여"라는 헌법 전문의 구절을 인용하며 다음과 같이 말한다. "성관계라는 원인을 선택한 이상 그 결과인 임신·출산에 대하여 책임을 져야 하는 것이 위와 같은 헌법 정신에도 맞는다." 헌법의 저 구절에서 온갖 오류가 태어난다.[25] 6장에서 설명했듯, 내 권리에 대응하는 것은 내 의무가 아니라 타인의 의무다. 또한 저 구절로 인해 자유와 책임을 일종의 대가 관계로 이해하게 되는데, 예컨대 "너는 그런 자유를 누렸으니, 그 대가로 이 정도의 책임을 완수해야 한다"는 식이다. 합헌의견의 저 문장도 비슷한 논리에 기초하고 있다. 그래서 사실상 "임신한 여성은 성관계라는 자유를 누렸으니, 그 대가로 임신과 출산이라는 책임을 다해야 한다"는 식으로 주장하는 것이다. 이는 자유와 책임의 관계를 전혀 엉뚱하게 왜곡한 것이다. 여성이 임신과 출산을 자율적으로 선택하지 않았다면, 어떻게 그것을 책임으로 요구할 수 있는가? **성관계할 자유에 대응하는 것은 임신을 유지할 것인지 중단할 것인지 자율적으로 결정할 책임이다.** 이러한 자율적 결정에 따라 출산이나 임신중단을 했으면, 다시 그 결과에 대한 책임을 지면 된다. 모든 책임은 자율적 결정에서 발생한다. 만일 여성이 자신의 의지와 상관없이 타율적으로 출산을 했다면, 출산의 결과에 대해 책임질 이유가 없다.

모자보건법은 임신중단을 예외적으로 허용하는데, 예외적 허용의 핵심 쟁점은 임신중단 허용 범위가 너무 좁다는 것이 아니라, 임신중단 사유의 제출을 필수적으로 요구한다는 점에 있다. 즉 이 법은 임신중단에 대한 권리를 제한적으로 인정하는 것이 아니라, **임신중단의 사유를 묻는다는 점에서 그냥 그 권리 자체를 부정하는 것이다.** 헌법재판소는 임신중단에 대한 권리가 여성의 자기결정권에 포함된다는 결정을 내렸다. 이제 임신 유지와 중단에 대해 판단하고 개인의 의지를 형성하는 과정은 오롯이 임신한 여성 자신의 내적 영역에 속하는 것으로 인정되어야 한다. 그 누구도 여성의 동의 없이 그 과정에 개입할 수 없고, 국가도 개인적 결정의 사유를 요구할 수 없다. 만일 국가가 임신중단의 사유를 심사하고, 그 결과에 따라 임신중단을 허용하거나 금지한다면, 임신중단에 대한 권리는 부정될 것이다. 혹은 임신중단 사유가 허용과 금지의 기준이 되지는 않더라도, 국가가 사유 제출을 요구하는 것만으로도 임신중단에 대한 권리는 부정되는 것이나 다름없다. 여성이 임신중단을 원하는 개인적 이유를 국가에 밝혀야 한다면, 그 형식이 어떻든 간에 임신중단에 대한 권리는 자기결정권에서 제외된다.

헌법불합치의견과 단순위헌의견의 결정적 차이는 자기결정권에 대한 이해에서 드러난다. 단순위헌의견에 따르면, "임신 제1삼분기"(임신 14주까지)에는 "어떠한 사유를 요구함이 없이 임신한 여성이 자신의 숙고와 판단 아래 낙태할 수 있도록 하여야 한다". 우리는 로대 웨이드 판결을 임신중단에 관한 표준 논변으로 선택했는데, 이 논변을 따를 경우 여성의 자기결정권을 완전하게 보장한 기간이 반드시 존재해야 한다. 여성의 건강 보호와 태아의 생명 보호라는 두 가지 규제 조건이 발생하기 전까지, 즉 제1삼분기에 동안에는 자기결정권을 규제할 근거가 없기 때문이다. 단순위헌의견은 이러한 표준 논변의 결론을 충실히 따른다.

반면 헌법불합치의견은 임신중단에 대한 권리가 여성의 자기결정권에 포함된다고 판단하면서도, 그 권리가 완전히 보장된 기간을 별도로 규정하지 않는다. 그 대신 "태아의 생명 보호와 임신한 여성의 자기결정권의 실현을 최적화할 수 있는 해법을 마련하기 위해 결정가능기간 중 일정한 시기까지는 사회적·경제적 사유에 대한 확인을 요구하지 않을 것인지 여부"를 국회의 "입법 재량"으로 남겨둔다. 이 지점에서 헌법불합치의견이 자기결정권을 어떻게 이해하고 있는지 매우 불분명해진다. 국회가 이 의견에 따라 대체 입법을 할 경우, 임신 전 기간에 걸쳐 임신중단 사유를 묻는 법률을 만드는 것도 불가능하지 않기 때문이다. 이런 식으로 만들어진 제도는 임신중단에 대한 권리가 여성의 자기결정권에 포함된다는 것을 부정하고, 기존의 예외적 임신중단 허용 사유를 사회적·경제적 사유로 확장하는 것에 머물게 될 것이다. 결국 헌법불합치의견은 임신중단에 대한 권리를 인정한 다음, 두 번에 걸쳐 그 권리를 스스로 부정한다. 첫 번째는 태아가 생명권의 주체임을 밝힌 때이고, 두 번째는 국가가 여성에게 임신중단 사유를 요구할 수 있음을 인정한 때다.

그런데 단순위헌의견에도 이해하기 힘든 내용 한 가지가 덧붙여져 있다. 4장에서 언급한 "임신한 여성의 자기결정권 보장을 위한 기간 부여의 한계" 부분이다. 관련 텍스트 전체를 인용하자.

> 3) 임신한 여성의 자기결정권 보장을 위한 기간 부여의 한계
> 가) 임신한 여성은 통상 임신 4~6주 사이, 늦으면 임신 8주 정도에 임신 사실을 알게 되는데, 이때부터 낙태 여부를 숙고하고 시술이 가능한 의료기관을 찾아서 실제 시술을 받는 데까지도 일정한 기간이 소요된다. (…) 따라서 낙태가 허용되는 기

간을 지나치게 짧게 정하는 것은 사실상 낙태를 할 수 없게 하거나 또는 임신한 여성이 숙고하지 못한 채 성급하게 낙태를 결정하게 만드는 요인이 된다.

나) 한편, 임신 제2삼분기(second trimester, 전체 임신기간 중 제1삼분기 이후부터 약 28주 무렵까지)의 일정한 시점에 이르면 태아의 성별이나 기형아 여부를 알 수 있는데, 임신한 여성이 그 시기 이후에도 자신의 의사만으로 낙태할 수 있도록 한다면 태아의 성별이나 기형을 이유로 한 선별적 낙태가 이루어질 가능성을 배제할 수 없다.

다) 그렇다면 임신한 여성에게 임신기간 중 일정 기간에는 자신의 의사에 따라 낙태를 결정할 수 있도록 할 경우, 그 기간은 임신한 여성이 스스로 선택한 인생관·사회관을 바탕으로 자신이 처한 신체적·심리적·사회적·경제적 상황에 대한 진지하고 깊은 고민 끝에 낙태 여부를 결정할 수 있을 정도로 보장되어야 하는 동시에, 임신한 여성의 낙태 여부에 대한 숙고와 결정이 다른 사정으로 왜곡되지 않도록 일정한 한계도 지워져야 한다.

단순위헌의견은 여기서 임신한 여성의 자기결정권 보장을 위한 두 가지 한계를 밝힌다. 첫째, 헌법불합치의견이 결정가능기간을 규정한 이유와 마찬가지로, 임신중단을 성급하게 결정하고 실행하지 않도록 임신중단 허용 기간이 충분히 보장되어야 한다. 둘째, 임신한 여성의 "숙고와 결정이 다른 사정으로 왜곡되지" 않기 위한 한계가 필요하다. 이 두 번째 한계의 의도는 다소 모호하다. 위 인용문의 앞뒤 맥락을 보면, "선별적 낙태"를 방지하기 위해 태아의 성별이나 기형을 알 수 있는 시점 이후의 임신중단을 제한해야 한다는 의미로 읽힌다. 선별적 낙태의 가능성이 임신한 여성의 숙고와 결정을 "왜곡"하는 "다른 사정"이므로, 그런 가능성 자체를 차단해야 한다는 것이다. 그런데 이러한 한계가 과연 여성의 자기결정권 보장을 위한 것이라고 할 수 있는가?

선별적 임신중단의 가능성을 배제하기 위해 임신중단에 대한 권리를 규제할 수 있다면, 국가가 이런 권리 규제를 통해 추구하려는 이익은 무엇인가? 태아의 생명 보호는 아니다. 위 인용문은 임신중단 사유의 다음 두 가지 유형을 구별한다. ① 여성의 신체적·심리적·사회적·경제적 상황, ② 태아의 성별이나 기형. 첫 번째 사유의 임신중단은 여성의 의지에 따른 것이므로 허용되어야 하지만, 두 번째 사유의 임신중단은 여성의 의지가 왜곡된 결과이므로 허용되어서는 안 된다는 것이다. 요컨대 여기서 여성의 자기결정권을 규제하는 기준은 선별적 임신중단을 허용할 수 없다는 제3의 믿음이고, 태아의 생명은 아무런 상관이 없다. 동일한 태아를 임신중단하는 경우에도, 그 사유에 따라 허용과 금지가 결정될 것이기 때문이다. 임신중단 사유에 따라 태아 생명의 가치가 달라지지는 않는다.

누군가는 선별적 임신중단을 금지하기 위해 여성의 자기결정권을 규제할 수 있다고 생각할지도 모른다. 하지만 이것은 권리의 규제가 아니라, 완전한 박탈이다. 선별적 임신중단 여부를 판단하는 행위는 곧 임신중단의 사유, 즉 임신한 여성의 **내적 의지**에 대한 판단이기 때문이다. 예컨대 장애가 있는 태아가 태어났을 때 발생할 경제적 부담과 사회적 차별을 걱정하며 임신중단을 원하는 여성이 있다면, 이는 태아의 장애를 고려한 선별적 임신중단인가, 혹은 사회적·경제적 사유에 따른 임신중단인가? 위 인용문의 표현을 빌리자면, "진지하고 깊은 고민"인가, 아니면 "왜곡"된 결정인가? 단순위헌의견은 이 질문에 답하는 게 불가능하다는 것을 잘 알고 있다. 그래서 태아의 기형이나 성별이 임신중단의 사유가 될 수 있는 시점 이후에는 임신중단을 아예 금지하자고 제안하는 것이다. 달리 말해, 국가가 여성의 내적 의지를 검증해서 범주화할 수 없는 시기의 임신중단은 허용될 수 없다는 말이다.

자기결정권에 관한 흔한 오해를 지적하기 위해,

사회적·경제적 사유의 임신중단은 허용되고, 태아의 성별이나 기형에 따른 선별적 임신중단은 금지된 상황을 가정해보자. 첫 번째 경우에는 여성의 자기결정권이 보장되고, 두 번째 경우에는 자기결정권이 제한되는 게 아니다. 국가가 임신중단의 사유를 묻는다는 것 자체가 이미 자기결정권을 부정하는 것이기 때문이다. 만일 임신한 여성이 자신의 실제 생각과 다른 임신중단 사유를 제출한다면, 국가는 그것이 진실인지 꾸며낸 것인지 어떻게 알 수 있는가? 애초에 국가권력은 개인의 실제 생각이 무엇인지 알 수 없다. 그의 내적 영역에 개입해 진실과 거짓 생각을 구별하려 한다면, 이는 일종의 사상 검증을 수행하는 것과 다르지 않다. **개인이 자기결정권으로 보장된 행위를 할 때, 국가는 그 행위의 내적 이유를 요구할 수 없다**는 말이다. 그가 자신의 의지에 따라 자기 행위의 이유를 말한다면, 국가는 외부로 발화된 것이 진실이라고 간주할 수 있을 뿐이다.[26]

태아가 여성이거나 장애를 가지고 있다는 이유로 죽임을 당해서는 안 된다는 생각에 많은 사람이 동의할 것이다. 그중 상당수는 이 생각을 의무의 언어로 표현한다. 즉 임신한 여성은 선별적 임신중단을 하면 안 될 의무가 있다는 것이다. 방금 설명했듯, 이것을 법적 의무로 여성에게 강제하는 것은 불가능하다. 법이 임신중단에 대한 권리를 자기결정권으로 보장하는 이상, 국가가 선별적 임신중단을 금지할 방법은 없기 때문이다. 만일 국가가 사회적·경제적 사유의 임신중단은 허용하고 선별적 임신중단을 금지한다면, 이는 태아의 생명 보호가 아닌 제3의 믿음에 따라 여성의 자기결정권을 박탈할 수 있다는 말이다. 그렇다면 반대로 다수 시민이 장애가 있는 태아의 출생을 줄이는 것이 국가의 이익이라고 결정하는 경우에는, 여성에게 선별적 임신중단을 강제할 수도 있게 된다. 결국, 헌법재판소가 임신중단에 대한 권리를 인정한 순간, 선별적 임신중단 금지는 불가능하다고 선언한 것이나 다름없다. 선별적 임신중단을 막기 위해 국가가 선택할 수 있는 수단은 법적 허용과 금지가 아니라, 그 횟수를 통계적으로 줄이기 위한 다른 방식의 제도적 장치뿐이다.

선별적 임신중단을 하면 안 된다는 것을 법적 의무가 아니라, 도덕적 의무로 주장하는 것은 당연히 가능하다. 이런 의무는 강제력 없이 사람들의 도덕의식에 영향을 발휘하는 방식으로 작동한다. 단, 이런 도덕적 의무도 그 내용과 조건은 합리적으로 구성되어야 한다. 그것을 임신한 여성의 의무로 주장하려면, 여성의 자기결정권이 완전히 보장된 환경을 먼저 요구해야 한다. 특히 주변 가족과 파트너를 비롯한 외부의 힘이 임신한 여성의 결정 과정을 왜곡하도록 허용해서는 안 된다. 임신한 여성이 자율적 인간으로 존재하는 상황에서만 그의 의무를 논하는 게 의미 있기 때문이다. 그리고 의무의 체계적 정당화가 필요하다. 즉 왜 선별적 임신중단을 하면 안 되는지에 대한 근거를 제시해야 한다. 예컨대 태아의 생명은 소중하고, 성별이나 장애 여부에 따라 태아 생명의 가치가 달라지지 않는다는 믿음이 그 근거가 될 수 있을 것이다. 하지만 여기에는 곧바로 반론이 제기된다. 모든 태아의 생명이 동등한 가치를 가진다면, 선별적 임신중단뿐 아니라 그 어떤 임신중단도 해서는 안 된다는 것을 의무로 주장해야 하지 않을까? 자신의 믿음을 공동체의 도덕적 의무로 주장하기 위해서는, 예상되는 반론에 대응할 수 있는 완결된 논변을 구성해야 한다(이런 논의를 더 진전시키면, 선별적 임신중단을 줄이는 방법으로 선택 가능한 것은 개인에게 법적·도덕적 의무를 부과하는 것이 아니라, 여성과 장애인에 대한 사회적 차별을 제거하고 사회적 권리들을 강화하는 것이라는 결론에 이르게 될 것이다).

10. 재생산의 권리들: 권리 언어의 형식

이 책을 시작하며 언급했듯, 그동안 한국의 낙태죄 논쟁에서 태아의 생명권 문제를 진지하게 제기한 사람은 거의 없었다. 태아가 생명권을 가진 법적 인간인지가 논쟁의 핵심이라는 점을 고려하면, 상당히 당혹스러운 사실이다. 더구나 임신중단에 대한 권리를 지지하는 진영에서 태아의 생명권 개념을 전면적으로 비판한 경우도 찾기 힘들다. 그 대신 낙태죄 폐지 운동의 슬로건으로 선택된 것은 **재생산권**이었다. 양현아는 2010년에 이미 "태아의 생명권 대 여성의 자기결정권"이라는 대립 구도를 극복하기 위한 개념적 도구로 재생산권을 제안한 바 있다. 낙태죄 폐지에 관한 최근의 논의에서도 비슷한 발상을 자주 발견할 수 있다.[27] 하지만 지금까지 살펴보았듯, 태아의 생명권 개념을 직접 검토하지 않고서 저런 식의 대립 구도를 해소하는 것은 불가능하다. 임신중단에 대한 권리와 재생산권은 밀접히 관련되어 있지만, 결코 동일한 문제틀에 속하지 않기 때문이다. 이 두 가지 권리 개념 사이의 관계를 이해하기 위해서는 권리 언어의 정확한 형식을 이해해야 한다.

최근 한국에서 권리 개념은 일상 언어로 자리 잡는 중이지만, 개념의 형식을 부정확하게 사용하는 경우가 많다. 권리에 관한 6장의 논의를 떠올리면서, 권리 개념을 사용할 때 고려해야 할 규칙을 살펴보자. 일단 다음의 두 가지 형식을 구별해야 한다. ① X에 대한 권리, ② 형용사 + 권리들.

첫째, 권리 주체가 지닌 개별 권리는 대부분 "X에 대한 권리"right to X라는 형식으로 표현된다. 여기서 중간에 "대한"이 들어간다는 점, 그리고 권리가 단수로 쓰였다는 점에 유의하자. 예컨대 생명에 대한 권리right to life, 주거에 대한 권리right to housing, 임신중단에 대한 권리 right to abortion 등을 말할 때, "대한"to의 역할은 매우 중요하다. 이것이 권리의 대상과 주관적 자격으로서의 권리를 분리하기 때문이다. 그래서 "life right", "housing right", "abortion right" 같은 식으로 쓰지 않는다. 반면 한국어에서는 생명권, 주거권, 임신중단권 등으로 줄여 쓰는 경우가 흔한데, 이로 인해 권리와 권리의 대상이 명확히 구별되지 않는다. 표현의 편리함을 위해 "임신중단에 대한 권리" 대신 "임신중단권"이라고 쓸 수는 있겠지만, 권리의 주체인 임신한 여성, 임신중단에 대한 권리, 임신중단이라는 행위를 항상 구별해야 한다.

둘째, "형용사+권리들"이라는 형식은 개별 권리가

아니라, 특정 권리들의 집합이나 범주를 의미한다. 그래서 "권리"가 아니라 "권리들"로 쓰는 게 좋다. 예컨대 인간의 권리들human rights은 인간이라는 지위에 결부된 권리들의 집합이다. 시민적 권리들civil rights, 정치적 권리들political rights, 사회적 권리들social rights은 특정 종류의 권리들을 지칭하는 범주 개념이다. 일상적으로는 인권, 시민권, 정치권, 사회권으로 표기하는데, 정확한 개념 사용이 필요한 경우에는 "형용사+권리들" 전체를 써주어야 한다.

재생산권은 두 번째 형식에 해당하는 개념이다. 즉 "right to reproduction"이 아니라 "reproductive rights"이므로, **"재생산의 권리들" 혹은 "재생산에 관련한 권리들"이라고 번역하는 게 정확하다**. 1994년 UN이 카이로에서 개최한 〈인구와 발전에 관한 국제 컨퍼런스〉에서 제안한 바에 따르면, 재생산의 권리들은 개별 권리가 아니라 권리들의 집합을 의미하는 범주 개념이다.[28] 여기에는 임신과 출산에 관련한 다양한 권리들이 포함되고, 커플이나 개인이 권리의 주체가 된다. 예컨대 아이를 언제, 얼마나 낳을 것인지 결정할 권리, 성 건강과 재생산 건강을 높은 수준으로 유지할 권리, 폭력이나 강제에서 자유로운 상태에서 재생산과 관련한 결정을 할 권리 등이 있다. 이러한 권리들은 기존의 국내법이나 국제 인권 협약 등에서 이미 인정된 것들이다. 카이로 컨퍼런스의 《행동 프로그램》은 임신중단에 대한 항목을 따로 서술하면서, 여성의 권리와 국가의 의무를 사회적 권리들의 관점에서 논의한다.[29] 임신중단이 비범죄화된 국가의 정부는 임신중단이 안전하게 실행될 수 있도록 해야 하며, 원치 않는 임신을 한 여성에게는 필요한 정보에 접근할 권리와 안전하게 임신중단을 할 권리가 보장되어야 한다. 또한 임신중단 시술을 한 여성은 사후적으로 필요한 의료 서비스에도 접근할 수 있어야 한다.

낙태죄가 존재하던 한국에도 재생산의 권리들이라는 범주에 포함할 수 있는 권리들이 있었고, 낙태죄가 폐지된 이후에는 임신중단에 대한 권리가 그 범주에 들어가게 되었다. 임신중단에 대한 권리를 카이로 컨퍼런스에서 정의한 재생산의 권리 중 하나로 다룬다는 것은 관점의 중요한 전환을 함축한다. 즉 임신중단에 필요한 정보를 요구할 권리, 안전한 임신중단 시술을 받을 권리, 임신중단 전후에 필요한 의료 서비스를 받을 권리 등을 사회적 권리들로 다룬다는 것, 특히 **여성의 권리와 국가의 의무**라는 대응 관계 속에서 다룬다는 것을 의미하기 때문이다.

그러므로 임신중단에 대한 권리를 재생산의 권리들의 관점에서 접근하는 것, 그리고 "태아의 생명권 대 여성의 자기결정권"이라는 대립 구도를 극복하는 것은 별개의 문제다. 엄밀히 말해, 이런 식의 대립 구도는 성립 자체가 불가능하다. 태아의 생명권이 인정되면, 태아를 죽일 수 있는 그 어떤 권리도 인정되지 않기 때문이다. 태아의 생명권과 여성의 자기결정권은 애초에 비교의 대상이 되지 못한다. 그래서 임신중단에 대한 논쟁을 구성하는 첫 번째 쟁점은 태아의 생명권을 인정할지 여부에서 발생한다. 우리는 지금까지 현행 법체계에서 태아의 생명권은 인정되지 않으며, 태아가 생명권의 주체라고 판단한 헌법불합치의견과 합헌의견은 논리적 모순과 개념적 오류라는 것을 살펴보았다. 두 번째 쟁점은 태아의 생명권이 아니라, 태아 생명의 가치를 어떻게 평가하고 법률적으로 다룰 것인지에 있다. 즉 정확히 언제부터 태아의 생명이 여성의 자기결정권을 규제할 정도의 가치가 되느냐가 문제다. 로 대 웨이드 판결, 2019년 낙태죄 단순위헌의견과 헌법불합치의견은 태아의 독자적 생존능력 획득 시점을 그 기준으로 제시한다.

11. 표준 논변에 대한 첫 번째 반론:
   태아 생명의 가치

만일 국회가 자기 모순적인 헌법불합치의견 대신 로 대 웨이드 판결을 참조한 단순위헌의견에 따라 대체 입법을 한다면, 훨씬 정합적인 법률을 만들 수 있을 것이다. 하지만 모든 문제가 해결되는 것은 아니다. 우리가 로 대 웨이드 판결에서 추출한 표준 논변도 몇 가지 반론과 마주한다. 이러한 반론들이 임신중단 논쟁에 부정적 영향만 끼치는 것은 아니다. 이런 반론들을 검토하면서 오히려 태아의 생명권 개념에서 발생한 오류를 걷어내고, 임신중단에 관한 올바른 문제들을 발견할 수 있다.

첫 번째 반론은 다음과 같이 표현될 수 있다. 태아의 생명권을 인정하지 않더라도, 태아의 생명은 임신중단에 대한 권리를 박탈할 수 있을 정도의 중요한 가치가 아닌가? 이는 태아의 생명권 개념이 수행하던 기능을 그저 태아의 생명 개념으로 대체하려는 것이 아니다. 오히려 태아는 생명권의 주체가 아님에 동의하면서, 태아의 생명과 임신중단에 대한 권리를 서로 견주어보는 표준 논변을 수용한다. 그러고 나서 태아의 생명 보호는 그 자체로 국가가 추구해야 할 강력한 이익이므로, 임신중단을 범죄화하는 데 아무런 문제가 없다고 주장하는 것이다.

드워킨도 이런 식의 반론을 자세하게 다룬다.[30] 예술품이나 문화재, 생태 환경이나 멸종위기종은 **본래적 가치**를 지니고 있으며, 이것을 지키기 위해 정부가 개인의 권리를 규제할 수 있다는 생각은 일반적 동의를 얻고 있다. 그럼 태아의 생명이라는 가치를 보호하기 위해 임신중단을 금지하는 것도 가능하지 않겠는가? 드워킨은 이 질문을 두 가지 방식으로 반박한다. 첫째, 임신중단의 경우에는 금지의 효과가 훨씬 심각하다. 여성의 삶 전체를 파괴할 수도 있기 때문이다. 둘째, 인공물이나 자연물의 가치와 인간 생명의 가치는 전혀 다르므로, 임신중단에 관한 견해는 본질적으로 종교적 믿음이다. 드워킨은 두 번째 반박에 많은 페이지를 할애하는데, 처음에는 다소 의아하다. 왜 그는 임신중단을 종교적 믿음의 문제로 가져가려고 하는가? 종교의 자유를 규정한 미국 수정헌법 1조에 근거해 국가가 임신중단을 금지할 수 없음을 논증하기 위해서다. 임신중단에 대한 권리를 반대하거나 찬성하는 의견, 임신중단을 원하는 여성의 의지 등은 종교적 신을 직접적으로 참조하기도 하고 아니기도 하지만, 인간 생명의 가치에 대한 판단을 함축한다는 점에서 모두 종교적 믿음에 속한다. 국가는 미국 수정헌법 1조에 따라 이러한 믿음에 기초한 행위를 금지할 수 없고, 생명의 본래적 가치에 대한 단일한 해석을 강요할 수도 없다. 물론 태아가 권리와 이익을 가진 법적 인간이라면 이러한 논증은 성립하지 않을 것이다. 종교의 자유가 인간을 죽일 권리까지 포함하지는 않기 때문이다. 하지만 로 대 웨이드 판결은 태아가 헌법적 인간이 아니라고 판단했고, 이에 따라 임신중단에 대한 권리를 종교의 자유라는 관점에서 고려할 수 있다.

첫 번째 반론을 반박하기 위해 한국 헌법으로부터 필요한 논변을 구성하는 것도 충분히 가능하다. 임신중단에 대한 권리는 여성의 자기결정권에 포함된다는 헌법불합치의견과 단순위헌의견의 헌법 해석이 그 출발점이다. 물론 태아가 생명권의 주체라면, 이러한 해석은 불가능하다. 이러한 법적 주체를 죽일지 말지 결정하는 일은 임신한 여성의 자기결정권에 의해 보장되지 않기 때문이다. 반면 태아가 생명권의 주체가 아님을 인정한다면, 임신중단에 대한 권리가 여성의 자기결정권을 구성하는 핵심 요소 중 하나라는 사실을 부정할 수 없다. 임신 유지와 중단은 여성의 몸에서 일어나는 일이고, 자기 몸에 관한 결정을 할 권리는 인간의 자율성을 유지하는 토대 중 하나이기 때문이다. 또한 출산은 여성의 삶 전체를 규정하는 사건이므로, 임신중단에 대한 권리는 여성이 자기 삶의 경로를 결정할 권리이기도 하다. 이런 이유로 임신중단에 대한 권리를 규제하는 것은 다른 종류의 권리, 예컨대 소유권을 규제하는 것과 본질적으로 다르다. 중요한 문화재나 멸종위기종 동물이 개인의 소유물이라 할지라도, 국가는 그것들의 가치를 보호하기 위해 소유자가 자기 소유물을 파괴하거나 죽일 권리를 부정할 수 있다. 이때 제한되는 것은 소유권의 일부다. 반면, 임신중단에 대한 권리는 외부의 대상이 아니라 여성 자신에 대한 권리다. 따라서 임신중단 금지는 자기 자신에 대한 권리, 즉 인간의 자율성 자체를 제한하는 것 혹은 그 권리의 핵심 요소를 박탈하는 것과 다름없다. 태아의 생명이 공동체가 추구해야 할 중대한 이익이라고 할지라도, 그 이익을 위해 인간의 자율성과 기본적 권리를 침해하는 것은 불가능하다.

어떤 독자들은 여기서 **공익**이라는 익숙한 개념을 떠올릴지도 모르겠다. 이 개념을 사용해서 첫 번째 반론을 다시 표현하면 다음과 같이 쓸 수 있다. 태아의 생명 보호라는 공익을 위해 국가는 임신중단에 대한 권리를 부정할 수 있다. 낙태죄 합헌의견도 비슷한 주장을 한다.

자기낙태죄 조항으로 인하여 임신한 여성의 자기

결정권이 어느 정도 제한되는 것은 사실이나, 그 제한의 정도가 자기낙태죄 조항을 통하여 달성하려는 태아의 생명권 보호라는 중대한 공익에 비하여 결코 크다고 볼 수 없다.

다시 한 번 강조하자면, 여기서 "태아의 생명권"을 "태아의 생명"으로 고쳐 써야만, 이 문장은 합리적 주장으로 성립할 수 있다. 태아가 생명권을 가지고 있다면, 애초에 그것을 여성의 자기결정권과 비교하는 것 자체가 불가능하기 때문이다. 그렇게 개념을 바꾸고 나면, 이 주장은 다음 두 가지 사이의 비교로 요약된다. 자기낙태죄 조항이 제한하는 여성의 자기결정권, 그 조항이 달성하는 "태아의 생명 보호라는 중대한 공익". 이때 제한되는 권리의 정도보다 얻게 되는 공익이 더 크므로, 자기낙태죄 조항은 유지되어야 한다는 것이다.

한국에서 공익 개념은 개인의 권리 제한을 위한 마법 지팡이처럼 사용되는 경우가 많은데, 위 인용문이 그 전형적인 방식이다. 여기서는 간단히 두 가지 사항만 지적하자.

첫째, 공익에 대한 정확한 이해가 필요하다. "공익"에 해당하는 서구어는 매우 다양하지만(common good, common interest, public interest 등), 법과 정치적 수준에서 공익 개념을 사용할 때 반드시 고려해야 할 공통의 의미가 있다. 무엇이 공익인지, 무엇이 공동체 모두에게 좋은 것인지 구성원 스스로 결정하는 정치체제가 바로 민주주의라는 것이다. 이런 의미에서 공익이란 인민의 일반 의지와 다르지 않다. 따라서 태아의 생명 보호가 공익이라고 말하려면, 태아의 생명에 관한 민주주의적 토론과 결정 과정이 선행되어야 한다. 혹은 헌법 해석으로부터 태아의 생명 보호가 공익이라는 결론을 도출하는 과정이 필요하다. 누구나 태아의 생명은 중요하다고 생각하겠지만, 태아의 생명과 생명권도 구별되지 않는 현재 한국의 상황을 보면, 태아의 생명 보호가 공익인가에 대한 민주주의적 논의가 충분히 이루어졌다고 보기는 힘들다.

둘째, 공익과 권리 제한의 정도를 단순히 양적으로 비교할 수는 없다. 법 원리 사이의 비교 혹은 **견줌** balancing을 할 때, 크고 작음을 기준으로 삼을 수도 있겠지만, 항상 그런 것은 아니다. 특히 개인의 기본권과 공익을 견줄 때, 양적 비교의 기능은 매우 한정적이다. 임신중단 논쟁에서 제기되는 첫 번째 질문은 "여성이 임신을 유지하거나 중지할 권리를 가지고 있는가?", 즉 "임신중단에 대한 권리가 여성의 자기결정권을 구성하는 본질적 요소인가?"이다. 이것은 예 혹은 아니오로 답해야 할 질적 문제이지, 여성의 자기결정권이 얼마나 제한되는지에 관한 양적 문제가 아니다. 저 질문에 "예"라고 답한다면, 공익을 이유로 임신중단을 금지하는 것은 불가능하다. **인간의 기본적 권리를 침해하거나 개인의 존엄성을 희생해야만 얻을 수 있는 것은 공익이 아니다. 공통의 이익이라는 개념 정의와 모순되기 때문이다.** 이는 5장에서 설명한 민주주의의 첫 번째 원리에서 곧바로 연역되는 규칙이다. 양적으로 비교할 수 없는 두 가지(임신중단에 대한 권리, 태아의 생명 보호라는 가치)를 어떻게 서로 견줄 수 있는지 알고 싶다면, 로 대 웨이드 판결을 다시 보면 된다. 질적으로 다른 두 가지 원리 사이의 견줌을 위해 착안한 장치가 바로 삼분기 체계였다.

공익을 말하며 임신중단 범죄화를 주장하는 사람과는 최소한의 합리적 토론을 할 수 있을지도 모르겠다. 하지만 권리와 자유를 주장하면, 여전히 "방종", "남용", "무분별" 따위의 단어를 떠올리는 사람이 많다. 임신중단에 대한 권리가 보장되면 낙태 시술이 무분별하게 이뤄질 것이라고 우려하는 반응도 익숙하다. 합헌의견은 임신중단 허용이 "일반적인 생명경시 풍조를 유발할 우려가 있다"고 말한다. 그런데 "생명경시 풍조"가 정확히 무엇인가? 헌법재판관이 사용하는 법적 언어에 이런 정체불명의 말이 튀어나와도 되는가? 권리 주장에 대한 이런 식의 반응은 근거 없는 미신에 가깝다. "무분별한 낙태"나 "생명경시 풍조"가 무엇인지 알 수 없지만, 실제로 이런 현상이 나타난다고 해도 임신중단을 금지할 근거는 되지 못한다. 임신중단에 대한 권리는 인간의 기본권이므로 (타인의 기본권을 침해하는 경우가 아니라면) 공동체의 어떤 가치나 이익을 이유로 그 권리를 박탈할 수는 없기 때문이다.

　　그러므로 국가가 태아의 생명 보호라는 이익을 위해 임신중단을 범죄화하는 것은 불가능하다. 하지만 바로 이 지점에서 표준 논변에서 발생하는 가장 어려운 문제를 만나게 된다. 임신중단에 대한 권리를 박탈할 수는 없지만, 태아의 생명 보호를 위해 그 권리를 규제하는 것은 가능하기 때문이다. 로 대 웨이드 판결, 2019년 낙태죄 헌법불합치의견과 단순위헌의견은 태아가 독자적 생존능력을 획득하는 시점을 권리 규제의 기준으로 제시하는데, 이 기준의 안정적 근거를 찾기가 쉽지 않다. 무엇보다 태아 생명의 가치가 헌법에 명시적으로 규정되어 있지 않다는 점에 유의하자. 태아의 생명을 보호해야 한다는 일반적 원리를 헌법 해석에서 도출하는 것은 가능하겠지만, 임신중단에 대한 권리를 언제, 어떤 방식으로 규제할 수 있는지 정확하게 규정할 기준을 헌법에서 찾기는 어렵다. 결국, 이러한 기준은 입법부가 관련 법률을 만드는 정치적 과정에 따라 언제든 달라질 수 있다. 헌법불합치의견은 결정가능기간을 언제까지로 할 것인지, 임신중단을 원하는 여성에게 임신중단 사유를 요구할 것인지, 임신중단의 절차적 조건으로 상담이나 숙려기간을 추가할 것인지 등을 입법부가 결정해야 한다고 밝혔다. 이제 이것들은 모두 정치적 문제로 전환된 것이다. 입법부가 기존의 낙태죄 조항을 대체할 새로운 법률과 제도를 제정하더라도, 앞으로 그 구체적 내용은 정치적 상황에 따라 얼마든지 바뀔 수 있다. 특히 임신중단 금지 시점은 끊임없는 논쟁의 대상이 될 것이다.

12. 표준 논변에 대한 두 번째 반론: 태아의 독자적 생존능력

표준 논변에 대한 두 번째 반론은 강력한 이익의 발생 시점에 관한 것이다. 임신중단에 대한 권리가 여성의 자기결정권에 포함된다면, 어떻게 특정 시점을 기준으로 이 권리를 규제할 수 있는가? 왜 임신중단 금지 시점을 특정하는 방식으로 권리를 규제해야 하는가? 태아가 독자적 생존능력을 획득하는 시점을 그 기준으로 잡아야 하는 필연적 이유가 있는가? 임신 전 기간에 걸쳐 임신중단을 허용하거나, 다른 기준에 따라 금지 시점을 정하는 것은 불가능한가? 앞 장에서 살펴본 첫 번째 반론이 임신중단에 대한 권리를 반대하는 진영에서 제기된다면, 이 두 번째 반론은 여성의 자기결정권을 폭넓게 해석하려는 진영에서 주로 제기될 것이다.

미국의 로 대 웨이드 판결뿐 아니라, 상당수 국가의 법률도 임신중단 허용 기간을 제한한다. 세부적인 근거는 국가마다 다르겠지만, 대체로 **태아가 발달할수록 인간 생명에 근접하고, 태아의 생명 보호라는 이익이 강화된다는 믿음**이 전제되어 있다. 그래서 특정 시점이 지나면 그 이익이 임신중단에 대한 권리를 규제할 정도로 강력해진다는 것이다. 헌법불합치의견이 임신 22주 이후의 임신중단을 금지한 것도 이런 믿음 때문이다. 이렇게 특정 시점 이후의 임신중단을 금지하는 논변에서 임신중단에 대한 권리는 태아의 생명보다 논리적으로 우선한다. 여기서 "우선"이라는 말은 중요성이나 가치의 차이가 아니라, 논변의 추론 순서를 지시한다. 임신중단에 대한 권리는 여성의 기본권으로 전제되고, 그다음에 태아의 생명 보호가 이 권리의 규제 조건으로 개입하는 것이다. 문제는 이러한 개입이 논리적 과정이 아니라, 현실의 시간 흐름에 따라 일어난다는 것이다. 예컨대 로 대 웨이드 판결의 논변에서, 태아가 독자적 생존능력을 획득하는 시점까지는 태아의 생명 보호라는 이익이 아무런 논리적 기능을 하지 않는다. 반면, 그 시점을 기준으로 태아 생명의 중요성은 질적으로 도약하고, 갑자기 임신중단에 대한 권리를 박탈하는 논리적 조건으로 기능한다.

그런데 태아의 생명 보호라는 공동체의 이익이 특정 시점을 기준으로 질적 도약을 한다는 믿음은 어떻게 정당화될 수 있는가? 이러한 믿음이 헌법 해석에서 도출되기는 힘들고, 임신중단 관련 법률을 제정하는 정치적 과정에서 입법 원리로 합의될 수 있을 뿐이다. 물론 다수 시민이 저런 믿음을 가지고 있다면, 당연히 그

것을 입법 원리로 선택할 수 있다. 그렇지만 민주주의적 논의 과정에서 다른 시민을 설득하려면 자기 생각의 이유를 밝혀야 하는데, 이 경우 나는 이렇게 믿는다는 식으로 주장하는 것 말고는 마땅한 근거를 찾기가 어렵다. 결국, 자의적이고 임의적이라는 비판에서 벗어날 수 없다. 이런 자의성은 태아의 독자적 생존능력을 시점 결정의 기준으로 삼을 때 더 분명히 드러난다.

태아의 독자적 생존능력 개념은 로 대 웨이드 판결의 핵심이다. 2019년 낙태죄 헌법불합치의견과 단순위헌의견도 이 개념에 의존한다. 문제는 독자적 생존능력이 유일한 기준일 필요가 없다는 점이다. 실제로 미국의 임신중단 관련 법률은 로 대 웨이드 판결 이후 꽤 복잡한 변화 과정을 겪어왔다. 각 주는 독자적인 임신중단 관련 법률들을 가지고 있으며, 그것들은 각기 다른 정치적 논쟁의 역사를 따라 변화해왔다. 2013년 《뉴욕 타임스》 기사를 보면, 주마다 임신중단 금지 시점의 기준이 제각각이라는 걸 알 수 있다.[31] 태아의 독자적 생존능력 획득 시점은 물론, 태아의 심장 박동을 감지할 수 있는 시점, 태아가 고통을 느낄 수 있다고 이론적으로 주장되는 시점도 기준이 된다. 기간에 따른 제한을 두지 않는 주들도 있다. 미국에서 임신중단은 여전히 뜨거운 정치적 쟁점이어서, 2013년 이후에도 상당한 변화가 있었다. 다른 나라의 기준은 또 다르다. 예컨대 프랑스에서는 "자발적 임신중단"과 "의학적 임신중단"이 구별되고, 전자는 임신 12주(무월경 14주)까지, 후자는 임신 마지막 순간까지 허용된다. 왜 하필 12주가 기준이냐는 질문에 대한 일반적 답변은 이때 배아 embryon가 태아fœtus로 이행하기 때문이라는 것이다. 하지만 이런 구별의 비과학성과 자의성에 대한 비판은 꾸준히 제기되어왔다.[32] 더구나 처음으로 임신중단을 합법화한 1975년 베이유 법loi Veil이 임신 10주를 기준으로 삼았던 것을 고려해보면, 임신중단 금지 시점은 해당 시기의 정치적 상황에 좌우된다고 볼 수 있다.

그렇다면 이토록 자의적인 임신중단 금지 시점을 제거하고, 임신 전 기간에 걸쳐 임신중단을 허용하는 방식은 불가능한가? 로 대 웨이드 판결은 국가가 임신중단에 대한 권리를 규제할 수 있는 두 가지 강력한 이익을 규정한다. 임신한 여성의 건강 보호, 그리고 태아의 생명 보호.

첫 번째 이익은 개인의 권리와 국가의 역할에 대한 고전적 질문을 제기한다. 내가 내 권리에 의해 보장된 행위를 하는 것이 나 자신을 위험에 빠뜨릴 수 있다면, 국가는 내 행위를 규제하거나 금지할 수 있는가? 로 대 웨이드 판결에 따르면, 두 번째 삼분기가 시작된 이후에는 임신중단이 여성 자신의 생명이나 건강을 위협할 수 있으므로, 국가는 임신중단에 대한 그의 권리를 규제할 수 있다. 하지만 이 경우 임신중단 금지 시점은 핵심 문제가 아니다. 임신중단의 위험은 의학적 판단의 대상이고, 임신 기간은 그러한 판단의 고려 요소 중 하나일 뿐이기 때문이다. 두 번째 삼분기가 시작된 후라고 할지라도, 임신중단 시술이 위험하지 않다는 것이 의학적으로 확실한 경우, 여성의 건강을 이유로 임신중단에 대한 권리를 규제할 필요는 없다.

임신중단 금지 시점의 문제는 태아의 생명 보호라는 두 번째 이익에서 발생한다. 그런데 태아의 생명 보호가 임신중단에 대한 권리를 제한할 수 있는 강력한 이익이라는 전제를 받아들이더라도, 태아 생명의 가치가 시간이 갈수록 점진적으로 더 중요해진다는 믿음을 부정하는 것은 가능하다. 이러한 믿음은 헌법 해석에서 도출된 것도 아니고, 모든 사람이 반드시 수용해야 할 보편적 원리도 아니기 때문이다. 로 대 웨이드 판결은 별도의 정당화 없이, 다소 뜬금없는 방식으로 이 믿음을 자기 논변에 삽입한다. 만일 이 믿음을 거부한다면, 다음 두 가지 명제 중 하나를 선택해야 한다. **태아의 생명 보호라는 이익은 임신 시작 시점에 임신중단에 대한 권리를 제한할 수 있을 정도로 ❶ 강력하다 ❷ 강력하지 않다.** 첫 번째에 기초한 논변에 따르면 임신중단에 대한 권리는 완전히 박탈되므로, 앞 장에서 설명한 바에 따라, 이 경우를 선택하는 것은 불가능하다. 그럼 두 번째 명제를 선택해야 하는데, 이 경우에는 태아의 생명 보호가 임신중단에 대한 권리를 제한할 수 없다는 결론에 이르게 된다. 따라서 특정 시점을 기준으로 임신중단을 금지하는 것도 불가능하다. 이 결론에 이르는 과정을 요약하면 다음과 같다.

① 임신중단에 대한 권리는 여성의 자기결정권에 포함된다.
② 태아의 생명은 국가가 보호해야 할 중요한 이익이지만, 이러한 이익을 위해 임신중단에 대한 권리를 박탈하는 것은 헌법에 어긋난다.
③ 태아의 생명 보호라는 국가의 이익은 시간이 갈수록 커지는 것이 아니므로, 특정한 시점부터 그 이익을 위해 임신중단에 대한 권리를 제한하는 것은 불가능하다.

이는 표준 논변과 구별되는 전혀 새로운 논변이고, 강력한 정치적 설득력을 갖는 데도 한계가 있겠지만, 적어도 내적 일관성과 체계성에는 문제가 없다. 태아의 생명권을 인정한 법체계도 구축할 수 있는 것과 마찬가지로, 위 논변도 합리적 입장 중 하나로 인정될 수 있다.

마치며: 가능한 입장들

이 책의 목적은 임신중단에 관한 다양한 입장 중 합리적인 것과 비합리적인 것을 구별하고, 합리적 규칙의 지배를 받는 논의 공간을 구성하는 것이다. 여기서 말하는 합리적 규칙이란 누구나 알고 있는 기본적인 조건들의 묶음이지만, 실제로 지키는 사람은 많지 않다.

첫째, 분명한 정의를 제공할 수 있는 개념만 사용해야 한다. 임신중단에 관한 논의에서는 특히 생명, 생명권, 자기결정권, 인간, 권리, 공익 등의 개념이 핵심이다. 이러한 개념에 대한 공통의 이해가 전제되지 않으면, 그냥 서로 딴소리만 계속하는 상황, 그래서 서로 같은 의견인지 아닌지도 구별되지 않는 혼란스러운 상황만 지속할 것이다. 이를 위해 가장 먼저 배제해야 할 것이 "생명경시 풍조" 같은 정체불명의 정치언어들이다. 또한 비슷해 보이지만 동일하지 않은 개념을 정확히 구별해야 한다. 무엇보다 **생명**과 **생명권**을 혼동하면 안 된다. 이 두 가지 개념이 뒤섞이면서 갖가지 오류와 터무니없는 소리가 쏟아져 나온다.

둘째, 모든 주장은 논리적 일관성과 정합성을 갖춰야 한다. 태아가 생명권의 주체라고 주장하려면, 태아가 법적 인간인지, 예외적 임신중단은 허용될 수 있는지에 대해 먼저 논해야 한다. 필수적 논의를 결여한 주장을 합리적 토론의 대상으로 인정하기는 어렵다. 그리고 자신의 주장이 기존의 합의에서 도출된 것인지, 새로운 근거에서 도출된 것인지도 구별해야 한다. 기존의 합의란 무엇보다 헌법 조항과 헌법이 전제하는 민주주의 원리를 말한다. 예컨대 임신중단에 대한 권리가 여성의 자기결정권에 포함된다는 판단은 헌법 해석에서 나온다. 반면, 태아가 독자적 생존능력을 획득하는 시점을 권리 제한의 기준으로 삼는다는 판단은 명시적으로 합의되지 않은 일반적 믿음에 기초한다. 기존의 합의에 기초한 주장은 추론이나 해석 과정의 타당성을 갖춰야 하고, 그렇지 않은 주장은 정치적 설득력을 갖춘 근거를 제시해야 한다.

셋째, **사실상**de facto의 차원과 **권리상**de jure의 차원을 구별해야 한다. 고대 로마에서 기원한 이 두 가지 차원의 구별은 법적 규범과 도덕적 규범을 논의하기 위한 기본 조건이다. 예컨대 "나는 이 물건을 사용하고 있는가?"는 사실에 관한 질문이지만, "사용하는 게 옳은가?"혹은 "사용할 권리가 있는가?"는 권리에 관한 질문이다. 권리상의 차원을 고려한다는 것은 법, 당위, 규범, 정당성 등의 문제를 다룬다는 의미다. 임신중단에 관한 논의에서 중요한 것은 임신중단을 할 수 있는가 없는가라는 사실상의 문제가 아니다. 낙태죄 위헌 결정 이전에도 임신중단을 할 수는 있었다. 모자보건법은 예외적 임신중단을 허용했고, 국가권력은 때에 따라 낙태를 처벌하기도 하고 방관하기도 했다.[33] 앞으로 입법부에서 논의해야 할 것은 임신중단을 허용할 것인가 금지할 것인가라는 문제가 아니라, 그러한 허용 혹은 금지가 왜 정당한가, 다시 말해 임신중단에 대한 권리를 인정할 것인가 아닌가라는 문제다. 임신중단을 권리상의 차원에서 다루지 않는다면, 임신중단이 합법화되더라도 여성의 권리로 보장되지는 않을 것이다. 임신중단 입법 과정이 여성의 권리에 기초하지 않을 때, 법률과 제도의 내용은 정치세력 사이의 타협과 절충으로 결정될 수밖에 없다. "태아의 생명을 소중하게 생각하는 국민 정서"와 "여성의 자기결정권을 주장하는 여성 단체들" 사이에서 적당한 타협 지점을 찾으려는 국회의원의 모습을 상상하기는 쉽지 않은가? 이런 식의 정치적 타협은 민주주의와 의회정치의 필수 요소지만, 권리와 정당성에 대한 논의를 대체해서는 안 된다. 공동체의 법을 만드는 것은 구성원의 권리를 정당화하는 과정이다. 이런 과정이 없다면, 법과 제도는 특정 집단의 이익을 실현하기 위한 도구로 전락하고, 정치는 그 어떤 공통의 규칙도 없는 힘과 힘의 대결로 환원될 것이다.

임신중단에 대한 여러 입장 가운데, 위 규칙들을 준수하는 것은 대략 세 가지로 요약된다.

① 태아가 생명권을 가진 법적 인간이라고 인정하는 것이다. 이 경우 그 어떤 임신중단도 허용되지 않는다. 더 나아가 태아에 관련한 모든 법률을 수정해서 현행 법체계를 재구성해야만 한다. 정확히 말하자면, 이것은 임신중단에 대한 입장이 아니라, 인간이라는 법적 범주 자체를 재정의하려는 시도다.

② 로 대 웨이드 판결의 표준 논변이다. 임신중단을 비범죄화한 국가 상당수가 선택한 입장이기도 하다. 임신중단에 대한 권리를 여성의 기본적 권리로 인정하고, 태아 생명의 보호라는 공동체의 이익을 위해 임신중단 허용 기간을 제한한다.

③ 태아의 생명 보호는 임신중단 기간 제한의 근거가 될 수 없다는 입장이다. 표준 논변은 태아의 생명 보호라는 공동체의 이익이 시간이 갈수록 중요해진다고 전제하는데, 이런 전제를 받아들이지 않을 경우 이 세 번째 입장에 이르게 된다.

낙태죄 합헌의견을 비롯해 태아의 생명권을 주장

하는 경우는 많지만, 첫 번째 입장에 해당하는 것은 거의 없다. 대부분 일관성과 정합성을 결여한 주장이기 때문이다. 두 번째 입장을 대표하는 사례는 단순위헌의견이다. 헌법불합치의견도 여기에 가깝지만, 태아의 생명권을 인정한다는 점에서 합리적 입장으로 인정할 수 없다. 임신중단 기간 제한을 반대하는 사람도 있지만, 세 번째 입장을 분명하게 주장하는 경우를 발견하기는 힘들다.

이 세 가지 입장은 각각 독립적인 전제에서 출발하므로, 하나가 다른 하나를 논리적으로 반박하기는 어렵다. 시민들은 자신의 종교, 도덕적 믿음, 경제적 이해관계, 정치적 신념이나 이익, 정체성 같은 다양한 이유에 따라 셋 중 하나를 선택할 것이다. 물론 이 중에 실제로 선택될 가능성이 큰 것은 두 번째 입장이다. 하지만 첫 번째와 세 번째 역시 합리성을 갖춘 정치적 입장으로 당연히 존중받아야 한다. 물론 첫 번째 입장은 헌법재판소의 낙태죄 위헌 결정을 부정하는 것이므로 정치적 설득력을 행사하기는 힘들 것이다. 그렇다고 이입장을 선택하면 안 될 이유는 없다.

두 번째 입장이 임신중단 대체 입법의 원리로 채택된다면, 이는 논쟁의 종말이 아니라 새로운 정치적 논쟁의 시작을 의미한다. 이제 한편에는 임신중단에 대한 국가의 통제를 강화하려는 진영이, 다른 한편에는 임신중단에 대한 권리를 방어하려는 진영이 자리 잡는다. 이들 사이의 갈등에서 기존의 법적 개념은 전혀 다른 정치적 의미를 획득한다. 예컨대 태아의 독자적 생존능력 개념은 임신중단을 원하는 여성에게 "비도덕적"이라는 낙인을 찍기 위한 도구로 활용될 것이다. 또한 누군가 "임신중단에 대한 권리는 여성의 자기결정권이다"라고 외칠 때, 이러한 발화의 목적은 헌법 해석이 아니라, 자신의 정치적 진영을 구축하는 데 있을 것이다. 이런 상황이 겉으로는 혼란스러워 보일지 몰라도, 분명한 진전이라는 점에 유의해야 한다. 정치언어를 무기로 삼은 투쟁은 민주주의의 필수 토대 중 하나이기 때문이다. 다만, 표준 논변이 입법 원리로서 분명히 자리 잡고 있어야만 한다. 그렇지 않다면 이런 식의 정치적 논쟁은 혼란을 낳는 혼란으로 귀결될 뿐이다.

2019년 헌법재판소의 낙태죄 위헌 결정은 커다란 진보다. 하지만 그 걸음은 단단하지 못하다. 고정된 목적지에 도달하지 못한 채 끊임없이 비틀거린다. 때로는 이런 진보가 퇴보보다 못하다. 다음 목적지를 잃어버리고 전혀 엉뚱한 방향으로 향할 수 있기 때문이다. 실제로 우리가 예전에는 진보라고 생각했던 걸음들이 지금은 목적지 없는 방황으로 끝나고 있다. 누구든지 헌법재판소의 결정문을 꼼꼼히 읽어본다면, 비슷한 위험을 감지할 것이다. 헌법재판소는 낙태죄가 위헌임을 선언한 것으로 자기 역할을 다했다. 입법부는 인민의 일반의지를 합리적 언어로 번역하는 곳이고, 그런 번역의 결과물이 바로 법률이다. 이제 국회는 헌법재판소가 남겨놓은 혼란과 모순을 제거하고, 임신중단에 대한 권리를 보장하기 위한 법률과 제도의 기본 원리부터 수립해나가야 한다. 우리는 이 책에서 그런 원리가 포함해야 할 기초적인 조건과 지식을 검토했다. 국회를 중심으로 새롭게 구성될 정치적 공간에서 논쟁의 규칙을 작성할 때, 이 책이 유용한 도구로 활용되길 기대한다.

1   박이대승, 《'개념' 없는 사회를 위한 강의: 변화를 위한 소수자의
    정치 전략》, 오월의봄, 2017, 219~226쪽.

2   같은 책, 〈사전강의: 개념과 정치〉, 15~63쪽 참고.

3   여기서 참조하는 발리바르의 저작은 다음과 같다. Étienne Balibar,
    Les frontières de la démocratie, Paris: la Découverte, 1992; *La
    crainte des masses - politique et philosophie avant et après Marx*, Paris:
    Galilée, 1997; *Violence et civilité - "Welleck library lectures" et autres
    essais de philosophie politique*, Paris: Galilée, 2010; *La proposition
    de l'Égaliberté*, Paris: PUF, 2010; *Citoyen sujet et autres essais
    d'anthropologie philosophique*, Paris: PUF, 2011.

4   아직 태어나지 않은 인간과 동물의 자식을 발달 단계별로 구별하는
    여러 명칭이 있다. 수정란zygote, fertilized egg, 배아embryo, 태아fetus 등.
    앞으로 필요한 경우를 제외하고, 태어나지 않은 존재는 이런 단계
    구별 없이 모두 "태아"라고 부를 것이다.

5   로널드 드워킨, 《생명의 지배영역》, 박경신·김지미 옮김,
    이화여자대학교 생명의료법연구소, 2008, 112쪽.

6   로 대 웨이드 판결문의 영어 문장은 다음과 같다. "(…) the word
    'person,' as used in the Fourteenth Amendment, does not include
    the unborn. (…) In short, the unborn have never been recognized
    in the law as persons in the whole sense."

7   로널드 드워킨, 《생명의 지배영역》, 120쪽.

8   같은 책, 12~13쪽.

9   대법원의 1976년 판례는 첫 문장에서 다음과 같이 밝힌다. "사람은
    생존하는 동안이라야 권리의무의 주체가 되나니 어머니 뱃속에

있는 태아는 권리능력이 있을 수 없다"(대법원 1976. 9. 14. 선고 76다1365 판결).

민법은 출생 시점, 즉 "태아가 모체로부터 전부 노출된 때"를 기준으로 태아와 사람을 구별한다(서울고등법원 2007. 3. 15. 선고 2006나56833 판결). 단, 태아가 살아서 출생하면 권리의 주체가 되는데, 그중 어떤 권리는 소급해서 인정된다. 예컨대 상속권이나 연금 수급권의 경우, 출생 이전부터 그 권리를 가지고 있던 것으로 간주할 수 있다. 이런 식의 소급 적용이 타당한 것인지 질문할 수 있는데, 이는 우리가 다루는 태아의 생명권과는 별도의 문제다(민법 제1000조 제3항, 제1064조 참고).

10 정치언어의 특징에 관해서는 다음 참고. 박이대승, 〈사전강의〉, 《'개념' 없는 사회를 위한 강의》.

11 이 대립하는 두 가지 원리는 "인류학적 차이들"différences anthropologiques에 대한 발리바르의 작업을 재가공한 것이다. 다음 텍스트의 도입부 참조. Étienne Balibar, "Universalité bourgeoise et différences anthropologiques" in *Citoyen sujet et autres essais d'anthropologie philosophique*.

12 고전적 시민성 모델에 대해서는 다음 참고. 박이대승, 〈3강 시민성의 재구성〉, 《'개념' 없는 사회를 위한 강의》.

13 이는 발리바르가 정식화한 "자유·평등" 혹은 "평등자유"égaliberté의 원리다. 즉 자유롭지 않으면 평등하지 않고, 평등하지 않다면 자유롭지 않다. 그는 프랑스대혁명의 강령으로 발표된 〈인간과 시민의 권리 선언〉(1789)을 재독해하면서 자유와 평등의 완전한 동일성을 발견하는데, 그의 해석에 전적으로 동의하지 않더라도 자유와 평등의 상호의존 관계를 부정하기는 어렵다. Étienne Balibar, "La proposition de l'égaliberté" et "Nouvelles réflexions sur l'égaliberté" in *La proposition de l'égaliberté*.

14 민주주의의 고대 모델과 근대 모델에서 포괄과 배제의 공존을 보여주는 대표적인 집단은 어린이다. 어린이는 법적 주체이지만, 동시에 법적 차별이 정당화되는 거의 유일한 집단이다. 이러한 차별은 평등을 위한 준비 과정으로 간주된다. 즉 어린이는 공동체의 평등한 구성원으로 성장하기 위해 지금은 배제될 수밖에 없는 존재다. 위에서 언급했듯, 서구어에서 소수자라는 말의 일차적

의미는 미성년자다. 어떤 집단을 소수자라고 부를 때, 이는 그 집단이 어린아이와 같은 상태에 있다는 의미다. 어린이는 소수자의 원형이다.

15 로널드 드워킨, 《생명의 지배영역》, 124쪽.

16 성과재생산포럼 기획·백영경 외 11인 글, 《배틀그라운드: 낙태죄를 둘러싼 성과 재생산의 정치》, 후마니타스, 2018, 95~99쪽.

17 영어와 유럽어 개념의 대응 문제에 관해서는 다음 참고. Hans Kelsen, "VI. The Legal Right" in *General Theory of Law and State*, Harvard University Press, 1949. 영어와 프랑스어 개념에 대한 다음의 비교법학적 연구도 참고할 만하다. Geoffrey Samuel, "'Le droit subjectif' and English Law", *Cambridge Law Journal*, 46(2), July 1987, pp.264-286.

18 의지 이론과 이익 이론에 대해 더 알고 싶다면, 다음 문헌들에서 도움을 받을 수 있다. William A. Edmundson, *An Introduction to Rights*(Second edition), Cambridge University Press, 2012; Leif Wenar, "Rights", *The Stanford Encyclopedia of Philosophy*(Spring 2020 Edition), Edward N. Zalta (ed.), https://plato.stanford.edu/archives/spr2020/entries/rights; François Ost, "Chapitre I. Droit subjectif et intérêt: l'impossible partage" in *Droit et intérêt - vol. 2 Entre droit et non-droit: l'intérêt*, Presses de l'Université Saint-Louis Bruxelles, 1990(généré le 26 mars 2020), http://books.openedition.org/pusl/5316.

19 Alexander M. Capron, "Legal rights and moral rights" in James M. Humber & Robert F. Almeder (eds.) *Biomedical Ethics and the Law*, Plenum Press, 1976.

20 생명권의 기본 내용에 관해서는 다음 논문 참고. H. J. Maccloskey, "The Right to Life", *Mind*, New Series, Vol. 84, No. 335 (Jul., 1975).

21 같은 논문, p.423.

22 2019년 낙태죄 위헌 결정문 참고. "기본권 중의 기본권"이란 표현은 사형제도 위헌 여부에 관한 1996년 결정(헌법재판소 1996. 11. 28. 선고 95헌바1 전원재판부 결정)에서도 사용된다.

23 로널드 드워킨, 《생명의 지배영역》, 36쪽.

24 태아가 잠재적 인간이라는 것은 임신중단을 반대하는 진영의 핵심

논리 중 하나이고, 이에 대한 고전적 반론도 쉽게 찾을 수 있다. H. J. 맥클로스키의 사고 실험을 참고해서, 생명 창조 기술이 고도로 발전한 미래의 어느 날, 생화학적 물질로부터 인간을 만들어낼 수 있게 되었다고 상상해보자. 그 물질에 인간이 태어날 모든 요소가 담겨 있다고 해서, 그것을 과연 잠재적 인간이라고 할 수 있을 것인가? 잠재적 인간으로 인정한다고 해도, 그 물질에 생명권을 부여하는 것이 가능할까? H. J. Maccloskey, "The Right to Life", *Mind*, p.415.

25 박이대승, 《'개념' 없는 사회를 위한 강의》, 280~281쪽 참고.

26 로널드 드워킨, 《생명의 지배영역》, 170~171쪽 참고.

27 양현아, 〈낙태에 관한 다초점 정책의 요청: 생명권 대對 자기결정권의 대립을 넘어〉, 《한국여성학》, 제26권 4호, 2010, 63~100쪽; 성과재생산포럼, 《배틀그라운드》, 9~10쪽.

28 *Programme of Action of the International Conference on Population Development-20th Anniversary Edition*, United Nations Population Fund, 2014.

29 같은 자료, "8.25".

30 로널드 드워킨, 〈제6장 법정 속의 낙태: 제2부〉, 《생명의 지배영역》 참고.

31 다음의 《뉴욕 타임스》 아카이브 참고. https://archive.nytimes.com/www.nytimes.com/interactive/2013/06/18/us/politics/abortion-restrictions.html

32 다음의 언론 기사 참고. https://www.liberation.fr/tribune/2000/10/03/n-allongez-pas-le-delai-de-l-ivg_339346, http://www.slate.fr/story/178209/allongement-delai-legal-avortement-ivg-suppression.

33 권리상의 차원에서 금지된 것을 사실상의 차원에서 허용하는 것은 한국의 제도가 작동하는 전형적인 방식이다. 단, 이런 방식이 유효하려면 가끔 "엄정한 수사"를 해줘야 한다. 즉 평소의 국가권력은 불법 행위를 별로 신경 쓰지 않고 내버려두다가, 필요한 때가 오면 몇몇 경우를 골라서 시끄럽게 수사하고 처벌한다. 이런 식의 권력 작동은 한국의 법 규범이 얼마나 비제도적이고 비체계적인지 보여주는 증거다.

"태아의 생명권"에 대한 명쾌한 논증

나영
성적권리와 재생산정의를 위한 센터
"셰어SHARE" 대표

2012년 8월 헌법재판소는 형법상 "낙태의 죄"에 대하여 "사익인 임부의 자기결정권이 태아의 생명권 보호라는 공익에 비하여 결코 중하다고 볼 수 없다"는 결론을 내렸다. 7년 후인 2019년 4월, 헌법재판소는 임신중단에 대한 여성의 자기결정권을 헌법으로 보장되어야 할 기본권으로 보고 같은 조항에 대해 헌법불합치 결정을 내렸으나 여전히 "태아의 생명권"이라는 개념에 대해서는 논리적으로 모순이 되는 내용을 담고 있다.

"낙태죄"에 관한 논쟁에서 태아의 생명권과 여성의 자기결정권 문제는 마치 여성과 태아가 대립하는 구도인 것처럼 다뤄져왔다. 2012년 헌법재판소의 결정처럼 "공익 대 사익"의 문제로 다뤄지거나, 여성의 자기결정권을 인정한다는 것이 곧장 "생명경시"의 논리로 이어지곤 했던 것이다. 그러나 태어난 이후의 삶 또한 생명의 과정이고 임신중지에 대한 결정은 그 삶에 영향을 미치는 사회적 조건들 속에서 이루어진다는 점을 생각하면, 이를 단순히 태아와 여성이 "공익 대 사익"으로서 대립하는 문제로 치환

할 수 없음이 분명해진다. 결국 국가와 사회가 어떤 삶의 조건들을 보장할 것인가가 모두의 권리 보장에 있어서 더 중요한 문제인 것이다.

그럼에도 지금까지 "태아의 생명권"이라는 개념이 마치 다른 권리에 제약을 가할 수 있을 정도의 중요한 권리이고 명확한 법의 언어인 듯 힘을 지니는 것은 "생명에 대한 책임"과 "생명권"이라는 개념이 전혀 구분되지 않은 채 사용되고 있기 때문이다.

이 책은 지금까지 임신중단에 대한 권리를 둘러싸고 제기되었던 "태아의 생명권"에 대해서 풍부하고 구체적인 논증 과정을 거쳐 모순과 한계를 밝힌다. 저자가 그동안 언급은 많이 되었으나 논증의 내용은 자세히 소개되지 않았던 미국 "로 대 웨이드" 판결에서부터 한국 헌법재판소의 2019년 결정문, 인간과 비인간의 권리 문제에 이르기까지 폭넓게 살피면서 생명과 생명권, 자기결정권, 권리, 인간, 공익과 같은 개념들을 짚어나가는 동안, 독자들 역시 막혀 있던 질문들을 보다 선명하게 이해할 수 있을 것이다. 우리는 이제 헌법재판소의 결정 이전으로 돌아가서는 안 되며, 헌법재판소 결정의 한계를 넘어 보다 나은 진전을 이루어야 한다. 낙태죄 폐지 이후 구체적이고 실질적인 권리의 보장을 위해 형법과 모자보건법뿐만 아니라 보건의료, 노동, 교육, 사회복지 등 사회 각 영역에 걸쳐 진행되어야 할 관련 법의 개정과 정책 마련 과정에 이 책의 논증이 좋은 길잡이가 되기를 기대한다.

임신중단에 대한 권리

초판 1쇄 펴낸날　2020년 10월 12일
지은이　박이대승
펴낸이　박재영
편집　이정신·임세현·한의영
마케팅　김민수
디자인　조하늘
제작　제이오
펴낸곳　도서출판 오월의봄
주소　경기도 파주시 회동길 363-15 201호
등록　제406-2010-000111호
전화　070-7704-2131
팩스　0505-300-0518
이메일　maybook05@naver.com
트위터　@oohbom
블로그　blog.naver.com/maybook05
페이스북　facebook.com/maybook05
인스타그램　instagram.com/maybooks_05

ISBN　979-11-90422-47-5　03300

이 도서의 국립중앙도서관 출판시도서목록(CIP)은 e-CIP홈페이지(http://nl.go.kr/ecip)와
국가자료공동목록시스템(http://www.nl.go.kr/kolisnet)에서 이용하실 수 있습니다.
(CIP 제어번호 : CIP2020039929)

책값은 뒤표지에 있습니다. 잘못된 책은 바꾸어 드립니다.

만든 사람들
책임편집　임세현
디자인　조하늘